고개그은 毒독이다

혁 신   기 업 이
놓치기 쉬운 본질

윤태성 지음

고객은 毒독이다

한국경제신문

고객은 독(毒)이다. 독은 어떻게 쓰느냐에 따라 사람을 살리기도 하고 죽이기도 한다. 고객 역시 어떤 기업에게는 구원의 천사가 되고 어떤 기업에게는 죽음의 사자가 된다. 기업이 생존을 원한다면 고객은 독이라는 사실을 이해해야 한다. 고객의 사랑을 받거나 증오를 받는 것은 기업의 생사를 갈라놓기 때문이다. 따라서 고객이라는 독을 제대로 활용해서 약이 되게 하는 방안을 궁리해야 한다.

기업은 혁신적인 제품을 개발하고 고객에게 만족을 주기 위해 혼신의 노력을 다하고 있지만 이러한 노력이 반드시 고객의 관점과 일치하는 것은 아니다. 제품 개발자는 대부분 고객을 직접 대할 일이 없기 때문에 고객을 잘 모른다. 그들 나름대로 고객이 원할 거라고 생각하는 제품을 개발한다. 그리고 새로운 제품에 얼마나 많은 기능이 들어 있는지, 그 제품이 얼마나 혁신적인지만 강조한다. 세계 최초라거나 최첨단이라는 용어로 장식한다. 영업 담당자는 일상적으로 고객과 접촉하지만 고객이 진정 원하는 것은 무엇이며 원하지 않는 것은 무엇인지 잘 모른다. 고객이 스스로 말하지도 않지만 말을 하더라도 본심을 확인할 방법이 없기 때문이다.

기업이 오랫동안 생존하려면 끊임없이 외부환경의 변화에 적응해야 한다. 일단 생존해야 기회도 오고 좋은 날도 온다. 생존을 위해서는 제품혁신과 공정혁신만으로는 충분하지 않다. 고객의 관점에서 만족할 수 있어야 한다. 그런 의미에서 기업에게 서비스 혁신은 매우 중요한 과제다. 앞서 출판한 나의 책《탁월한 혁신은 어떻게 만들어지는가》는 서비스 혁신을 비즈니스 모델, 고객, 지식의 세 가지 관점에서 조감했다. 그 책을 출판하고 나서 많은 기업에서 서비스 혁신을 주제로 강의했다. 전자기업, 화장품기업, 제약기업, 시스템기업, 금융기업, 연구소, 정부기관 등 다양한 곳에서 서비스 혁신의 의미와 사례를 소개했다. 강의를 거듭할수록 기업 현장의 반응과 질문에 대한 답변을 추가했고 새로운 자료도 많이 수집했다. 이 책은 그중에서 특히 고객에 관한 내용을 추려서 상세하게 정리했다. 생존하기 위해 노력하는 기업이 이 책에서 힌트를 얻어 고객이라는 독을 약으로 활용하고 적어도 100년 동안 생존할 수 있으면 정말 좋겠다.

이 책에서 소개한 대부분의 사례는 말미에서 밝힌 참고문헌이나 경영자 인터뷰 자료를 참고로 했으며 여기에 더해 관련 자료를 추가 조사하고 나의 의견을 덧붙였다. 사례 중에는 매스컴에 많이 소개되어 출처를 특정하기 어려운 경우도 있다. 각 사례에 대해서 더욱 상세하게 알고 싶은 독자는 나에게 연락하기 바란다.

차
례

서문 — 5
프롤로그 _ 기업은 어떻게 살아남는가 — 10

CHAPTER 1 **고객이 원하지 않는 것은 무엇인가**
우물가에서 왕비가 나니 — 22
표주박 속 버들잎의 의미 — 27

CHAPTER 2 **고객이 가장 앞에 있다**
술잔의 절반은 눈물이다 — 32
고객의 생활 속에서 눈물을 찾아라 — 43

CHAPTER 3 **불만은 혁신의 시작이다**
클레임에 숨어 있는 혁신의 힌트 — 60
소통하는 기업이 새로운 기회를 얻는다 — 94

CHAPTER 4 **직원은 고객의 파트너**
이런 직원이 기업을 살린다 — 114
직원행복이 고객만족을 낳는다 — 131

CHAPTER 5   어떻게 기대감을 주는가

겉모습이 중요한 이유 — 148

형식을 이해하면 본질이 보인다 — 170

CHAPTER 6   고객과 함께 가치를 만든다

가치는 고객이 정한다 — 186

가격은 가치에 비례하지 않는다 — 203

CHAPTER 7   좋은 서비스는 세상을 변화시킨다

서비스와 공짜는 동의어가 아니다 — 218

싫어하는 것을 하지 않는 것이 신뢰를 얻는 길 — 230

에필로그 — 고객과 함께 더 좋은 세상 만들기 — 240

참고문헌 — 243

기업은 어떻게 살아남는가

많은 기업에서 혁신을 추구하다 보니 나 역시 자연스럽게 혁신을 주제로 기업에서 강의할 기회가 많아졌다. 최근에는 어느 대기업에서 부장급 직원 수백 명을 대상으로 강의했다. 국내 최고의 그룹에서 핵심적인 역할을 하는 직원들답게 강의에 참석한 사람들은 업무 경력이 20년 이상이며 평균연령은 40대 후반이다. 참석자 중에는 국내외에서 박사학위를 취득했거나 경영학석사(MBA)를 취득한 사람도 많다. 이들 중 절반 이상은 올해나 내년에 임원으로 승진해 그룹의 핵심 경영자가 될 것이다.

나는 강의를 시작하기 전에 그들에게 간단한 질문을 던졌다. "우리 회사는 앞으로 얼마나 더 살아 있을까요?" 내가 내심 기대한 답변은 100년이었다. 우리나라를 대표하는 기업의 핵심 직원들이라면 적어도 생존기간 100년은 목표로 해야 한다는 생각에

서였다.

그러나 나의 기대와는 달리 결과는 충격적이었다. 참석자의 52%는 앞으로 10년 정도가 자기 회사의 잔존수명이라고 답했으며 36%는 20년이라고 답했다. 회사가 살아 있을 기간이 그리 길지 않다는 것이다. 이 숫자는 직원들의 고민을 잘 나타낸다. '아무쪼록 내가 회사를 그만둘 때까지는 우리 회사가 살아 있어야 할 텐데'라는 생각이 드러난 것이다.

안타깝게도 참석자들의 의견은 매우 타당하다. 우리나라 중소기업의 평균수명은 12년이고 글로벌 100대 기업의 평균수명은 30년이라고 한다. 이런 실정이니 이미 20년 이상 근무한 기업의 잔존수명이 길지 않다고 보는 편이 오히려 설득력 있다. 생각해보면 30년은 기업에게 참으로 긴 세월이다. 너무 많은 변화가 일어나기 때문이다.

전자업계를 보면 이해하기 쉽다. 산요는 30년 전에 삼성전자에 라디오 만드는 기술을 제공했던 기업으로 한때 전자업계의 혁신을 주도하는 존재였다. 그러나 디지털 시대에 어울리는 기업으로 변신하는 데 실패하고 2013년에 산요 브랜드는 역사 속으로 사라지고 말았다. 1984년에 파나소닉은 영업이익이 6조 원이었는데 같은 해 삼성전자는 매출액이 1조 원이었다. 30년이 지난 2014년에 삼성전자의 매출액은 205조 원이 되었다. 파나소닉은 1984년에 기록한 영업이익을 그 후 30년 동안 한 번도 재현하지 못하고 계속해서 추락했다. 일세를 풍미했던 샤프와 도시바 역시 해체설이 난무하는 등 앞날이 매우 불투명한 신세다.

지난 30년 동안 많은 기업이 흥하고 또 많은 기업이 망했다. 현재 전자업계의 총아로 주목받고 있는 중국 기업 샤오미는 불과 얼마 전까지만 해도 무명 기업이었다. 세월의 흐름과 함께 무명 기업이 업계의 리더가 되고 또 그들이 망해 사라져간다. 현재는 아무도 알지 못하는 무명기업이 30년 후에 업계를 주도하는 기업이 되어도 전혀 놀랄 일이 아니다. 한때는 세계를 주름잡던 기업이 하루아침에 망해서 사라진다 해도 역시 놀랄 일이 아니다. 이런 상황을 생각해보면 국내 굴지의 대기업 부장들이 자신이 다니고 있는 기업의 앞날을 불안하게 바라보는 것은 매우 타당한 판단이다. 역시 핵심적인 직원들답게 기업의 실정을 냉철하게 판단하고 있었다.

이들을 앞에 두고 나는 강의를 시작했다. 내가 첫 번째 질문을 던진다. "지금 내 손에 있는 볼펜은 살아 있습니까?" 모든 참석자의 답변은 "아니요"다. 다시 질문한다. "만약 내가 존경하는 스승이 생전에 쓰던 볼펜을 내게 주셨다면 이 볼펜은 살아 있습니까?" 이 질문에 대해서는 참석자들이 답변을 좀 망설인다. 나는 내용을 바꿔 질문한다. "만약 전장에 나가는 낭군이 볼펜을 남기고 갔는데 아낙이 이 볼펜을 보면서 낭군과 대화한다년 이 볼펜은 "살아 있습니까?" 이런 볼펜은 "살아 있는 생물과 같다"고 답하는 참석자가 많다.

질문의 목적은 제품에 혼을 담을 수 있을지 물어보기 위한 것이다. 제품은 살아 있는 생물이 아니다. 그러나 제품에 혼이 담겨 있다고 생각하고 마치 살아 있는 생물처럼 제품과 대화하는 고객도 있다. 그러므로 제품을 개발하는 직원들은 제품을 생물처럼 여기는 고객을 생각하고 최선을 다해 만들어야 한다. 제품에 자신의 혼을 집어넣을 수 있는 직원이 명장이고 명장이 만든 제품이 명품이라는 것을 재삼 강조한다.

이어서 두 번째 질문을 한다. "여러분이 밤낮없이 노력해 혁신적인 제품을 개발했다면 이 제품의 단가를 기존 제품과 비교해서 두 배로 올릴 수 있을까요?" 이 질문에 대한 답변은 모두 같다. "아무리 혁신적인 제품이라도 단가를 두 배로 올리는 것은 거의 불가능하다."

내용을 약간 바꿔 다시 질문한다. "만약 마트에서 생고구마를 구입해서 판매한다면 고구마의 단가를 두 배로 할 수 있을까요?" 이 질문에 대해서는 많은 답변이 쏟아진다. "군고구마로 하면 두 배가 된다", "고구마 라떼를 만들면 세 배가 된다", "고구마 케이크를 만들면 열 배가 된다" 이런 답변을 들으면 의문이 생긴다.

고구마는 단가를 쉽게 올릴 수 있는데 왜 막대한 자금을 투입해 연구 개발하는 혁신적인 제품은 단가를 두 배로 하지 못할까? 이 질문의 목적은 명확하다. 아무리 혁신적인 제품을 개발하더라도 고객에게 만족을 주지 못하면 기업이 살아남기 어렵다는 것을 말하려는 것이다.

여기까지 강의를 진행한 다음에는 분위기를 바꿔 시를 한 수 읽는다. 시인 김현승이 노래한 〈아버지의 마음〉이라는 시다. 이 시를 읽으면서 나는 특히 다음 문구를 강조한다. "아버지는 술을 마시지만 술잔의 절반은 보이지 않는 눈물이다." 이 시를 읽는 것은 술과 눈물에 대해서 생각해보려는 의도에서다. 만약 술을 만들어 파는 기업이라면 경쟁기업보다 더 향기가 좋고 색깔이 고우며 마시기 편한 술을 개발하려고 노력한다. 이런 술을 개발하고 나면 경쟁기업보다 더 싼 가격으로 판매한다. 기업에서는 이를 '혁신'이라고 부르며 사활을 걸고 추진한다.

모든 기업은 혁신을 추구한다. 그러나 정작 이 술을 마시는 고객은 기업이 어떤 혁신을 이뤘는지 알지 못한다. 고객은 기업의 혁신에는 관심이 없다. 그들에게는 이 술을 마시면서 어떤 눈물을 흘릴지가 더 중요하다. 술을 다 마시고 나면 술잔이 마른다. 그러나 술잔이 말라도 눈물은 마르지 않는다. 왜냐하면 이 눈물은 눈에는 보이지 않고 고객의 마음속에 남아 있기 때문이다. 그러므로 술을 만드는 기업이라면 술이 아니라 고객의 눈물에 집중해야 한다. 기업은 제품이 아니라 고객의 마음에 집중해야 한다는 의미다.

여기서부터 강의는 흥하거나 망한 기업의 다양한 사례를 소개하는 것으로 이어진다. 모든 사례의 바탕에 깔려 있는 의미는 명확하다. 술잔의 절반은 눈물이라는 것이다. 아무리 어려운 시대에도 모든 기업이 다 비관적인 것은 아니다. 어려운 시간을 잘 헤쳐와 위기를 기회로 만든 기업도 많이 있다. 기업에 기회를 주는 것이 바로 '고객'이다.

출판 시장의 규모가 점점 줄어들고 있는 상황에서도 활기차게 생존하고 있는 일본의 북스타마라는 서점이 있다. 경영자인 카토는 도쿄대학교 법학과를 나와 대기업에서 근무했다. 대학 동기들은 대부분 국가고시를 거쳐 고급 공무원으로 일하고 있지만 카토는 대기업에서 경험을 쌓은 후 2005년 지방에 있는 본가로 가서 소형 서점을 승계했다. 부모님이 1977년 개업해 운영하던 서점으로 대형 서점과의 경쟁에 밀려서 고전하고 있던 참이었다. 서점은 대형일수록 유리하다. 왜냐하면 화제의 신간이나 베스트셀러는 대형 서점에 우선적으로 납품되기 때문이다. 작은 서점에는 주문한 대로 서적이 들어온다고 기대하기 어렵다.

카토가 소형 서점을 살리기 위해서 선택한 전략은 '마을의 서점'이다. 서점의 역할을 책을 파는 장소에서 마을 주민들이 찾아오고 모이는 장소로 바꾼 것이다. 어느 나라든 서점 경영은 무척 힘들다. 터미널이나 대형 쇼핑센터에 대형 서점이 진출하면 역앞이나 상가에 있던 작은 서점은 망하고 없어진다. 고객들은 인터넷 사이트에서 책을 구입한다. 서점의 분위기를 좋아하는 고객들은 일부러 멀리 가야만 한다.

지역의 서점이 줄어드는 것은 그 지역의 문화가 쇠퇴하는 것이다. 어느 지역이건 서점이 사라지고 더불어 그 마을의 문화까지 잃어버리는 현상을 안타깝게 여기는 주민이 반드시 있기 마련이다. 북스타마는 그 점에 착안해 지역 주민들에게 책을 좀 더 가깝게 접할 수 있는 기회를 제공해 지역사회에 공헌하겠다는 목표를 세웠다. 그리고 지역의 고객에게 집중했다. 고객이 원하는 것은 철저하게 실행하고 원하지 않는 것은 하지 않는 것이다.

북스타마의 모든 서점은 도쿄에서 떨어진 지방도시의 작은 역 주변에 있으며 60㎡가 안 되는 좁은 면적이다. 임대료가 비싸서 넓은 면적을 확보하기도 어렵다. 진열할 수 있는 서적이 매우 제한적이기 때문에 서적의 다양성이라는 관점에서는 대형 서점과

도저히 경쟁할 수 없다. 카토는 지역 고객의 관점에서 좋은 서적을 소개하려고 노력한다. 만약 화제가 되고 있는 책이 있다면 그 책을 중심으로 관련서적 30종류 정도를 진열한다. 좁은 범위 내에서 서적의 다양성을 추구하는 것이다. 그렇게 하기 위해서 카토는 자신이 먼저 많은 책을 읽고 그 내용을 고객에게 소개한다. 직원들도 마찬가지다. 고객은 화제의 책을 사러 왔다가 전혀 뜻하지 않았던 관련서적도 함께 구입한다. 그리고 직원들에게 자신이 읽고 싶은 내용을 문의하기도 한다.

주민과 끊임없이 소통할수록 서점에 진열되는 서적은 직원들이 처음에 생각했던 것과 많이 달라진다. 직원들은 당연히 전국의 베스트셀러 현황을 기준으로 책을 진열하려고 한다. 그러나 지역 주민들이 원하는 것과 원하지 않는 것은 전국적인 현황과는 다르다. 직원들은 고객과 소통하면서 고객이 읽고 싶어 하는 서적을 찾고 어떻게 진열할지 궁리한다. 무거운 주제라도 고객에게 도움이 되는 내용이라면 모아서 진열한다. 시간이 흘러가면서 지역의 작은 서점에 진열하는 서적은 결과적으로 전국의 베스트셀러 현황과는 달라진다. 지역 주민들이 원하는 내용으로 변하기 때문이다. 전국적으로 많이 팔리는 서적이라고 해서 반드시 지역 주민들도 좋아하는 것은 아니다.

고객은 직원이 권하는 서적이 마음에 들면 서점의 팬이 된다.

팬이 된 주민들은 특별히 사고 싶은 책이 없어도 가벼운 마음으로 서점에 들르게 된다. 지역 주민을 위한 서점이 되려고 노력한 결과 북스타마는 2015년에 열두 번째 서점을 개업했다.

강의에서 소개하는 사례는 모두 내가 잘 알고 있는 내용이다. 많은 미디어에 소개된 글로벌 대기업의 사례는 제외한다. 이미 많은 사람들이 알고 있는 사례는 강의 참석자에게 별다른 감동을 주지 못하기 때문이다. 나는 미디어에 소개된 적이 없거나 우리나라에는 잘 알려지지 않은 사례를 중심으로 소개한다. 앞에서 소개한 북스타마의 카토 사장은 오래전부터 나와 잘 아는 사이로 카이스트에 초청해 강연을 들은 적도 있다. 북스타마 서점도 여러 번 방문해 견학했다.

강의에서 소개하는 다른 기업의 경우도 이와 같다. 경영자를 잘 알거나 많은 자료를 통해서 그 기업에 대한 다양한 정보를 충분히 입수한 경우다. 실제로 해당기업의 제품을 오랫동안 사용해보았거나 현장을 방문해 내 눈으로 직접 확인한 기업들을 사례로 소개한다.

강의의 마지막에는 모든 참석자가 함께 외친다. "술잔의 절반은 눈물이다." 기업이 살아남기 위해 추구해야 하는 것은 제품의 기능이 아니라 고객의 눈물이라는 것을 명심하라는 의도에서다.

고객은 독이라는 사실을 이해하고 독을 약으로 활용하는 지혜를 가진 기업이 되어야 한다.

기업은 고객이 무엇을 원하는지 알기 위해 다양한 방법으로 고객과 접촉한다. 그리고 고객이 원한다고 생각하는 제품을 개발한다. 그러나 대부분의 기업은 고객이 정말 원하는 것이 무엇인지 제대로 알지 못한다. 그러다 보니 기업으로서는 새로운 제품이 얼마나 혁신적인가만 강조할 수밖에 없다. 고객의 '눈물'을 모르니 '술'만 강조하는 것이다.

기업에서 아무리 혁신을 위해 노력하더라도 그 기업의 생존여부를 결정하는 것은 고객이다. 그리고 고객을 설득할 수 있는 것은 직원이다. 고객과 직원은 파트너가 되어 함께 가치를 만들어나가야 한다. 이러한 노력을 계속하는 기업은 오랫동안 살아남을 것이며 그렇게 살아남은 기업만이 고객을 행복하게 하고 직원을 행복하게 하며 좋은 세상을 만들 수 있다.

고객이
원하지
않는 것은
무엇인가?

CHAPTER
1

우물가에서 왕비가 나니

고려의 장수인 이성계가 어느 날 호랑이 사냥을 나갔다. 거칠게 사냥을 하고 나니 몹시 목이 말랐다. 마침 근처에 우물이 있어 그리로 향했다. 그리고 우물가에 있는 여인에게 물을 좀 달라고 했다. 이 여인은 표주박으로 우물에서 물을 길어 담았다. 그런데 표주박을 바로 건네주지 않고 대신 이성계의 얼굴을 한 번 쳐다보고는 우물가에 있는 버드나무에서 버들잎을 몇 잎 따더니 표주박에 띄웠다. 그런 다음 이성계에게 표주박을 천천히 건네주었다. 이성계는 얼른 물을 마시고 싶었지만 버들잎을 입으로 후후 부느라 천천히 마실 수밖에 없었다.

이윽고 물을 다 마신 이성계가 여인에게 물었다. "그대는 왜 표주박에 버들잎을 띄워서 주었느냐?" 여인이 답했다. "목이 마를 때 물을 급히 마시면 급체할 위험이 있사옵니다. 장군님이 급체하실까 걱정되어 버들잎을 띄운 것이옵니다." 이 말을 들은 이성계는 여인의 마음 씀씀이에 크게 감동했다. 이 여인이 바로 고려말 문신 강윤성의 딸 강씨였는데 이 일을 계기로 강씨 여인은 이성계와 혼인해 조선의 첫 왕비인 신덕왕후가 되었다.

이 일화는 너무 유명해서 우리나라 사람이라면 모르는 사람이 없을 정도다. '배려'가 무엇인지 설명할 때 반드시 나오는 모범 사례다. 다른 사람을 배려한다는 것은 그 사람이 말하지 않아도 무엇을 원하는지 알고 이에 맞춰주는 것이다. 이성계가 조선을 건국한 해가 1392년이니 이미 600여 년이 지난 일이다. 신덕왕후가 이성계에게 물을 떠준 이후에 우물가에서는 어떤 일이 일어났는지 궁금해하는 사람이 많다. 과연 어떤 일이 일어났을까? 추적 조사해보았다.

우물가에서 왕비가 탄생했다는 소문은 순식간에 전국으로 퍼졌다. 소문을 들은 아낙네와 남정네가 전국에서 몰려들었다. 미래의 낭군을 찾으려는 아낙네와 미래의 부인을 찾으려는 남정네들로 우물가는 금세 인산인해를 이루었다. 이름하여 '물 좋은 곳'이 된 것이다.

우물가에 모여든 아낙네들은 서로 목이 좋은 곳을 차지하려고 자리다툼을 벌였다. 일단 자리를 잡고 나면 가장 먼저 표주박을 준비했다. 그런데 표주박이라는 게 둥근 박을 반으로 쪼개 만든 작은 바가지이니 여인들이 준비한 표주박이 대동소이할 수밖에 없다.

그중 한 여인이 궁리를 해 큰 것과 작은 것 두 종류의 표주박을 준비했다. 키가 크고 기골이 장대한 무사풍의 남정네가 오면 큰 것으로 물을 떠주고 키가 작고 아담한 선비풍의 남정네가 오면 작은 것으로 물을 떠주려는 심산이었다. 이른바 제품의 라인업을 늘린 것이다. 이 모습을 본 다른 여인은 표주박 겉에 알록달록한 문양을 넣었다. 표주박의 차별화를 도모한 것이다. 우물가에 모인 수많은 여인네들은 각자 궁리해 자신만의 독특한 표주박을 준비하고는 장군님이 와서 물을 달라 하기를 기다렸다. 그러나 어쩌다 와서 물을 달라는 사람은 대부분 장군님이 아니라 건달이었다.

어느 날 한 여인에게 장군님처럼 풍채 좋고 위엄 있는 남정네가 와서 물을 달라고 했다. 그러자 이 여인은 순간 깊이 고민했다. '신덕왕후는 버들잎을 몇 개나 띄웠을까? 나는 그것보다 더 많이 띄워야지. 그러면 내 눈 앞에 있는 장군님의 마음을 움직일 수 있겠지?'

이 여인은 멋진 문양을 넣은 예쁜 표주박에 버들잎을 한 주먹 넣어서 건네주었다. 그러고는 남정네가 감동하는 모습을 기대하며 쳐다보았다. 그런데 남정네는 표주박을 받아서 물을 마시려고 하다가 갑자기 화를 벌컥 냈다. "아니 물을 달라고 했더니 물은 주지 않고 왜 버들잎을 주십니까?"

남정네와 여인은 서로 상대방에게 화가 났다. 여인은 생각했다. '내가 기다리는 장군님은 오지 않고 어떻게 건달들만 올까?' 남정네도 생각했다. '나는 단지 목마를 때 물 한 잔 마시려는 것뿐인데 왜 물 한잔 제대로 주는 여인이 없을까?'

우물가에 수많은 아낙네가 모여서 각자 특색 있는 표주박을 준비하고 장군님을 기다리는 상황이 지속되었다. 그런데 장군님은 쉬이 오지 않고 그나마 평범한 남정네라도 한 명 오면 많은 여인들이 앞다퉈 달려가서 서로 먼저 주려고 경쟁했다. 그러자 한 여인이 생각했다. '모두 다 표주박은 잘 준비하고 있기 때문에 표주박으로 이기기는 어렵겠구나. 새로 오는 남정네도 적으니 나는 한 번 온 남정네를 단골로 만들어야겠다.'

이 여인은 포인트 카드를 만들었다. 한 번 와서 물을 마실 때마다 포인트를 하나 주는데 열 번째 오면 물을 한 잔 더 주기로 한 것이다. 포인트 카드를 발급받은 남정네는 여인에게 좀 불만이 있어도 지금까지 받은 포인트가 아까워 계속해서 한 여인에게서만 물을 마셨다. 이 모습을 지켜본 다른 여인들도 포인트 카드를 만들었는데 모두 다 특별한 혜택을 덧붙였다. 어떤 여인은 물을 한 번 마실 때마다 포인트를 두 개 주었다. 그러자 다른 여인은 처음 온 남정네에게는 포인트를 일곱 개 주었다. 앞으로 세 번만 더 오면 다음에는 공짜로 물을 한 번 마실 수 있게 한 것이다. 처음 온 남정네가 만약 세 번만 더 오면 단골이 될 가능성이 높기 때문이다. 세 번 더 온 남정네에게 무료로 물을 줄 때는 어디 사는 누구인지 정보를 요구한다. 어떤 여인은 포인트가 열 개가 되면 시루떡을 준다고 했다. 그러자 어떤 여인은 회원이라면 일주일 내내 24시간 언제든지 물을 먹을 수 있다고 했다. 어떤 여인은 우수회원에게는 물을 집으로 배달해주는 혜택을 준비했다.

여인들이 남정네를 부르려고 경쟁하는 동안 물 자체도 변했다. 처음에는 우물에서 길은 물을 그대로 주었으나 나중에는 물에 향료를 넣거나 색깔을 내서 주었다. 우물에서 바로 길어 올린 물은 차니까 미리 물을 길어놓고는 품에 끼고 미지근하게 데우는 여인도 나타났다. 미지근한 물이 인기가 있으니까 물을 끓이는 여인도 나타났다. 이처럼 경쟁이 치열해지면서 탈락하는 여인도 늘어났다. 오랫동안 아무 남정네도 찾지 않은 여인들은 결국 짐을 싸서 고향으로 내려갔다. 사라지는 여인의 숫자만큼 새로운 여인들이 우물가에 나타나서 짐을 풀었다. 지금도 우물가에 가면 수많은 여인들이 궁리에 궁리를 거듭하면서 장군님을 기다리고 있다.

표주박 속 버들잎의 의미

여인네들이 하려는 것은 '목이 마른' 사람에게 '물'을 주는 것이다. 그런데 상대방이 얼마나 목이 마른지 모르기 때문에 여인은 상대방의 얼굴을 한 번 쳐다보고 상태를 짐작한다. 그리고 표주박에 물을 떠서 줄 때 버들잎도 함께 띄워주는 것이다. 그 버들잎은 본질을 충실하게 실현하기 위한 배려다.

목이 마른 사람이 진정으로 원하는 것은 버들잎이 아니라 물이다. 버들잎은 물을 제대로 마실 수 있게 할 때만 비로소 가치가 있다. 하지만 목마른 사람 모두에게 버들잎을 띄워주는 것이 배려는 아니다. 같은 버들잎이라도 모든 사람이 다르게 느끼기 때문이다. 어떤 사람에게는 버들잎 세 개를 띄워주는 것이 배려지만 어떤 사람에게는 버들잎을 띄우지 않는 것이 배려다. 그러므로 물을 마시는 사람이 누구인지 목은 얼마나 마른지에 따라서 배려의 형태가 달라져야 한다.

언제나 같은 사람이 물을 주고 언제나 같은 사람이 그 물을 마신다고 해도 표주박의 크기나 목이 마른 정도에 따라 버들잎의 개수가 달라지는 것이 배려다. 하루에 열두 번 물을 마시는 사람이라도 물을 마시러 우물에 갈 때마다 목마른 정도가 다르다. 물을 주는 사람은 상대방이 얼마나 목이 마른지 이해하고 이를 배려해서 물을 줄 때마다 버들잎의 개수를 다르게 해야 한다. 이를 위해서 우물가의 여인은 평소에 물 마시러 오는 남정네를 자세히 관찰하고 어떻게 하면 제대로 배려할 수 있을지 궁리해야 한다. 배려를 제대로 하면 물을 마시는 사람은 크게 만족한다. 그러나 배려가 잘못되면 물을 마시는 사람이 크게 화를 낼 수도 있다.

이 문제를 해결하는 방법은 두 가지다. 하나는 여인네가 10년 동안 수련한 후에 우물가에 나오는 것이다. 처음에는 헤매겠지만 10년쯤 노력하면 남정네의 표정만 보아도 버들잎을 몇 개 띄워야 할지 아는 수준이 될 것이다. 그러나 기간이 너무 길다는 단점이 있다.

다른 하나는 형식을 갖추는 것이다. 하루에 열두 번 물을 마시러 가더라도 항상 같은 수량의 버들잎을 띄우는 것이다. 우물가의 여인들은 물을 마시러 오는 사람이 누구인지 그 사람이 얼마나 목이 마른지에 상관없이 정해진 개수만큼 버들잎을 띄워야 한다. 만약 버들잎 세 개라고 정한다면 항상 이대로 반복한다. 이렇게 형식을 정하고 그대로 따라하면 우물가에 처음 나온 여인이라도 큰 어려움 없이 물을 줄 수 있다. 물을 마시는 사람은 큰 만족도 없지만 큰 불만도 없다. 물론 이런 방식으로는 장군님과 혼인해 왕비가 되기는 어렵다.

표주박으로 물을 떠줄 때 버들잎을 띄워주는 배려가 중요하다고 생각하는 여인은 많다. 그러나 현실적으로 충분한 배려를 느끼는 남정네는 드물다. 남정네는 물을 떠주는 여인의 자질에 문제가 있다고 말한다. 배려심이 있는 줄 알았는데 알고 보니 자신을 호구로 본다는 것이다. 여인은 다르게 말한다. 남정네가 장군인 줄 알았는데 알고 보니 건달이라는 것이다. 그래서 배려할 가치가 없다고 말한다. 남정네와 여인네는 항상 마주치는 사이지만 서로에 대한 신뢰를 쌓기는 정말 힘들어 보인다.

여기서 새로운 관점을 도입할 필요가 있다. 진정한 배려를 원하거든 먼저 형식에 충실하라는 것이다. 형식을 완전히 습득하면 본질이 보이기 때문이다. 일단 버들잎은 세 개만 띄운다는 규칙을 정한다. 그리고 우물가에 처음 나온 여인에게 그 규칙을 알려준다. 그러면 여인은 누가 언제 물을 마시러 오든 상관없이 버들잎을 세 개 띄워서 건네준다. 처음에는 왜 버들잎을 띄우는지도 모르고 왜 세 개를 띄우는지도 이해하지 못한다. 그러나 시간이 가고 많은 사람들이 입으로 버들잎을 후후 불면서 물을 마시는 것을 보면서 여인은 조금씩 버들잎의 의미를 이해하게 된다. 비로소 버들잎은 본질이 아니라는 것을 알게 된다.

이것을 깨달은 여인은 다시 궁리한다. "버들잎 대신 소나무 잎을 띄우면 어떨까?" 그래서 소나무 잎을 띄워본다. "표주박 대신 국자를 쓰면 어떨까?" 그래서 국자로 물을 떠본다. "물을 두 번으로 나눠주면 어떨까?" 그래서 물을 조금씩 나눠준다. 이런 노력을 거듭해 마침내 어느 우물가에서도 보지 못한 전혀 새로운 방식을 만들어낸다. 혁신을 하는 것이다.

고객이
가장
앞에 있다

CHAPTER
2

술잔의 절반은 눈물이다

고객은 제품에 생명을 불어넣는다

선박에는 전통적으로 여성이름을 붙인다. 대표적으로 엘리자베스호가 있다. 조선소 직원들은 선박을 딸이라고 부른다. 또 어떤 사람은 자신이 소유한 자동차에도 이름을 붙인다. 예를 들어 미스 반테나 미스 나타샤라고 부르는 식이다. 각각 현대자동차의 아반테와 소나타 모델을 살짝 비틀어 이름 지은 것이다. 자동차에 이름을 붙이면 자동차가 마치 살아 있는 생물처럼 느껴진다.

일본의 소설가인 호시 신이치의 작품 중에 자동차가 주인공인 단편소설이 있다. 대략적인 줄거리는 이렇다. 어느 날 저녁식사를 마친 부부가 조용한 목소리로 의논을 하고 있다. 내용을 들어보니 내일 새 자동차가 집에 온다는 것이다. 부부는 기쁘기도 하지만 한편으론 지금까지 사용하던 중고자동차를 폐차시켜야 한다는 생각에 슬프기노 하다. 사동차를 여러 해 타고 다니면서 그 자동차에 정이 들었고 그들 부부의 추억도 남아 있기 때문이다. 이때 중고자동차가 부부의 대화를 우연히 듣게 된다. 중고자동차는 지나간 세월을 돌이켜본다. 이 세상에 자동차라는 제품으로 태어나서 이 집으로 입양되었다. 그리고 오랜 세월 동안 가족과 희로애락을 함께했다. '이제는 나의 역할이 끝났다. 떠나야 한다. 내가 가족에게 짐이 되어서는 안 된다.' 이렇게 결심한 자동차는 스스로 시동을 걸고 절벽으로 달려가서는 바다를 향해 몸을 던진다. 중고자동차가 자살로 생을 마감한 것이다.

이 소설을 이해하려면 제품에도 혼이 있다는 사고방식을 이해해야 한다. 혼이 있는 제품은 살아 있다는 관점도 이해할 수 있어야 한다. 그래야 이 소설이 주는 비장함을 느낄 수 있다.

많은 자동차에는 내비게이션이 달려 있다. 내비게이션은 교통정보를 알려주는 제품이다. 그러나 어떤 사람은 내비게이션에서 "좌회전하세요"라는 기계음성이 나오면 "네"라고 답한다. "또 좌회전이야?" 하는 식으로 대꾸를 하면서 내비게이션과 대화를 즐기는 사람도 있다.

로봇은 주로 산업 현장에서 사용되고 있지만 최근에는 사람에게 위안을 주는 것을 목적으로 하는 로봇도 많이 등장했다. 이 로봇과는 마치 사람처럼 대화를 나눌 수도 있다. 이런 상황이니 가정에서 로봇을 사람처럼 대한다고 해도 이상할 것이 없다. 마네킹과 사랑에 빠진다는 영화도 있으니 제품에도 혼이 있다고 생각하거나 살아 있는 생물처럼 대하는 고객이 있다고 해도 전혀 놀랍지 않다. 오히려 놀라운 것은 이런 고객이 특정 연령층에만 국한된 것이 아니라는 점이다. 어린이는 인형이나 장난감을 가지고 놀면서 제품이 살아 있다고 생각한다. 어른은 어른대로 자신만의 살아 있는 제품을 가지고 있다.

제품에 혼이 있다거나 제품이 살아 있다는 것은 기업이 살아 있는 제품을 판매했다는 의미가 아니다. 기업이 판매한 제품에 고객이 혼을 넣었다는 의미다. 조금 더 자세히 생각해보자. 기업은 혁신적인 제품을 개발하기 위해서 노력한다. 술을 만드는 기업이라면 술의 농도, 색깔, 향기, 도수를 연구하고 제품 개발에 매진한다. 그러다가 마침내 연구개발에 성공해서 지금까지 이 세상에 없었던 술을 생산해낸다.

그런데 고객은 그런 내용을 알고 구입할까? 그렇지는 않다. 혁신적인 제품이라고 하니까 처음에는 관심이 있을지 몰라도 조금만 시간이 지나면 그저 술은 술일 뿐이라고 생각한다. 고객이 술의 물리적 화학적 특성을 이해하고 구입하는 것은 아니다. 여러분은 소주나 맥주의 성분이나 특성을 얼마나 알고 구입하는

기? 술의 특성보다는 오히려 술을 마실 때의 분위기니 기분을 상상하면서 구입할 것이다. 고객이 술을 구입하면서 상상하는 분위기는 소주와 맥주가 다르고 와인과 위스키가 다르다. 고객은 술을 구입하지만 사실 고객이 구입하는 것은 분위기다. 취하지 않으면 술이 아니라는 말은 고객이 술에 기대하는 것이 무엇인지를 잘 나타낸다.

시인 김현승은 아버지가 마시는 술잔의 절반은 눈물이라고 했다. 아버지는 매일 술을 마시는데 이 술잔의 절반은 눈에 보이지 않는 눈물이다. 이 시를 읽으면 아버지가 술을 마시는 분위기가 느껴진다. 아버지는 술을 마셔서 눈물을 흘리는 것이 아니다. 눈물을 흘리기 위해서 술을 마신다. 아버지가 흘리는 눈물은 다른 사람의 눈에는 보이지 않는다. 눈물을 한자로 쓰면 눈에 보이는 눈물은 루(淚)이고 눈에 보이지 않는 눈물은 루(泪)다. 두 한자 모두 '눈물 루'로 읽는다. 눈에 보이는 눈물과 눈에 보이지 않는 눈물은 발음은 같지만 의미는 전혀 다르다.

술이 기업에서 만드는 인공물이라면 고객이 술을 마시면서 흘리는 눈물은 인공물을 생물로 만드는 신진대사라고 할 수 있다. 그러나 이 눈물은 다른 사람의 눈에는 보이지 않는다. 인공물은 기업이 판매하는 제품이며 모두 동일하다. 인공물을 구입한 고객은 인공물에 자신의 눈물을 더해서 살아 있는 제품을 완성한다. 이 제품은 그 고객이 완성한 것이며 그 고객만의 특별한 제품이다. 그래서 시간이 지나면 고객의 숫자만큼 다양한 제품이 살아 있게 된다. 그러나 이 제품을 완성한 고객에게만 살아 있다. 다른 사람의 눈에는 그저 평범한 인공물로 보일 뿐이다.

술을 만드는 기업이 고객의 보이지 않는 눈물을 이해한다면 고객이 자신만의 제품을 쉽게 완성할 수 있도록 해야 한다. 시장에는 인공물이 널려 있지만 고객이 자신만의 제품을 쉽게 완성할 수 있도록 도와주는 인공물은 그리 많지 않다. 고객은 그런 인공물에 많은 애착을 느낄 것이다. 예를 들어 스마트폰을 구입한 고객이 다양한 액세서리를 구입하는 것은 인공물에서 자신만의 제품을 만들어가는 첫걸음이라 할 만하다.

보이지 않는 눈물에 집중한다

인공물이 콘텐츠(Contents) 중심이라면 고객이 완성하는 제품은 콘텍스트(Context) 중심이다. 술이 콘텐츠라면 눈물은 콘텍스트다. 콘텐츠에 대해서는 명사와 숫자를 이용해서 물리적 화학적 특징을 명확하게 나타낼 수 있다. 알코올 도수나 원산지, 주요 성분과 같이 라벨에 쓸 수도 있다. 그러나 이 술을 마시면서 고객이 흘리는 눈물은 명확하게 나타내기 어렵다. 왜냐하면 콘텍스트는 고객이 콘텐츠를 이용하면시 느끼는 김징이나 경험과 같이 암묵적이기 때문이다. 그래서 콘텍스트는 형용사와 부사를 이용해서 애매하게 표현한다. "이 술을 마시면 왠지 춤을 추고 싶어진다"거나 "기분이 우울한 날에는 이상하게 이 술을 마시고 싶다"는 식의 표현밖에 하지 못한다.

술은 모방할 수 있지만 그 술을 마시는 고객의 보이지 않는 눈물은 모방할 수 없다. 고객의 눈물을 이해하는 기업만이 참다운 술을 만들 수 있다. 그러므로 기업이 오랫동안 생존하려면 술이 아니라 눈물로 경쟁해야 한다. 고객의 눈물을 위해서 술을 만든다는 발상으로 바꿔야 한다. 고객이 원하는 것은 술이 아니라 눈물이기 때문이다.

화장품 시장을 보자. 과거 화장품 시장에는 화장품 메이커만 참여했다. 화장품 메이커는 대부분 화학기술에 정통한 기업이다. 고객은 소수의 메이커가 판매하는 화장품을 구입해 이용했다. 그러나 현재 화장품 시장은 크게 변했다. 전통적인 화장품 메이커는 물론이고 지금까지 화장품과는 전혀 관련 없어 보이던 다양한 분야의 기업들이 시장에 진입했다. 고객이 흘리는 눈물을 이해하는 기업이 그 눈물에 어울리는 화장품을 만들겠다고 나선 것이다. 제약 회사, 과자 회사, 조미료 회사에 지방정부와 개인사업자까지 판매대열에 나섰다. 일본의 예를 들면 후지필름이 화장품사업에 크게 성공했으며 로토제약은 특정 제품이 시장 점유율 1위를 달성했다. 과자 회사인 글리코와 조미료 회사인 아지노모토 역시 화장품 시장에 진입했다. 각 지방정부도 지역의 특산물을 이용한 화장품을 판매한다. 제조는 주문자 상표 부착 방식(OEM)을 이용해 외주 생산하면 되므로 수많은 개인사업자도 화장품 시장에 진입하고 있다. 외주 생산만 전문적으로 대행하는 업체도 많아졌다. 화장품 회사임에는 틀림없지만 반드시 화장품에 관한 과학적 지식을 가질 필요는 없다. 그저 고객이 어떤 화장품을 원하는지만 제시하면 나머지는 외주 생산업체가 다 알아서 개발해준다. 그 대신 화장품 회사는 고객의 눈물에 집중한다. 현재 일본의 화장품 제조협회에 등록된 회원은 2만 개 사가 넘는다. 등록하지 않은 경우까지 포함하면 화장품 회사는 이보다 훨씬 더 많을 것이다.

비슷한 시장이 또 있다. 전기자동차 시장이다. 가솔린 엔진을 탑재한 자동차는 공장설비를 갖추고 양산체제를 유지하는 데 막대한 비용이 든다. 그래서 진입장벽이 높아 세계적으로 새롭게 자동차 시장에 진입하는 경우가 드물다. 중국에서는 정부의 전폭적인 지원 아래 새로운 자동차 메이커가 등장했으나 다른 나라에서는 최근 30년간 새롭게 시장에 진입한 메이커가 거의 없다. 기존의 메이커들이 서로 기능을 경쟁하면서 시장을 쟁탈해았다. 그런데 전기자동차의 등장으로 자동차 시장에 낳은 변화가 오고 있다. 전기자동차는 자본금이 많지 않아도 제조할 수 있다. 극단적으로 말하면 차체는 마을에 있는 철공소에 위탁해서 제조하고 배터리는 대형 할인점에서 구입한다. 그 외에 필요한 부품은 3D 프린터로 제조한다. 자동차에 관한 기계공학이나 전기공학의 지식이 없는 개인이라도 전기자동차를 제조할 수 있게 되었다.

이런 사정이다 보니 가까운 미래에 전 세계의 전기자동차 회사가 100만 개를 돌파한다고 해도 전혀 이상할 것이 없다. 고객의 눈물을 이해한다면 이 눈물에 어울리는 전기자동차를 제조할 수 있는 방법은 쉽게 얻을 수 있기 때문이다.

화장품 시장이나 자동차 시장은 일상생활과 매우 밀접하다. 이런 시장의 변화를 보면 우리는 확실하게 느낄 수 있다. 술을 팔고 싶으면 먼저 고객의 눈물을 이해해야 한다는 것이다. 과거에는 술을 제조하는 기업은 술에만 집중했다. 눈물은 어디까지나 고객의 세계이며 기업의 세계와는 단절되어 있었다. 이제는 시대가 변했다. 고객의 눈물을 이해하지 못하는 기업이라면 애당초 술을 만들면 안 된다. 이를 반대로 생각할 수도 있다. 고객의 눈물을 이해하는 기업이라면 어떤 제품이라도 개발하지 못할 이유가 없다.

술잔은 비어도 눈물은 마르지 않는다

고객이 인공물을 구입해 자신만의 제품을 만들게 되면 고객은 인공물을 판매하는 기업에 호감을 가진다. 제품의 수명이 다해도 기업에 대한 호감은 오랫동안 지속된다. 술잔에 술은 비어도 고객의 마음에 남은 눈물은 오랫동안 마르지 않기 때문이다. 물론 이 눈물 역시 언젠가는 마르고 없어질 것이다. 그때가 되면 고객은 기업에 대해 아무런 감정도 느끼지 못할 것이다.

고객의 눈물이 오랫동안 마르지 않기를 바라는 기업은 이리저리 많은 궁리를 한다. 식당의 사례를 보자. 식당은 기본적으로 장치산업이다. 조리시설과 접객시설을 미리 갖추고 고객을 맞이하기 때문이다. 그런데 고객에게 인기 있는 식당은 사실상 이벤트산업이다. 그런 식당은 단순히 음식이 맛있기 때문에 고객이 몰리는 것이 아니다. 경쟁식당의 요리사가 먹어보면 음식 맛이 형편없는데도 불구하고 고객이 몰리는 식당이 있다.

고객이 느끼는 맛은 전문 요리사가 느끼는 맛과는 다르다. 전문 요리사는 재료와 첨가물, 요리과정, 음식의 색과 모양 등 전문가의 관점에서 요리의 맛을 평가한다. 그러므로 같은 음식에 대한 전문 요리사들의 평가는 거의 비슷하다. TV 요리방송에서 같은 음식에 대해 전문가들이 서로 다르게 평가하는 경우는 매우 드물다. 그에 비해 고객들은 같은 음식일지라도 서로 다르게 평기한다. 어떤 고객은 맛있다고 하지만 다른 고객은 맛이 없다고 한다. 대부분의 고객은 요리사가 만든 요리에 이미지, 환경, 기대감 등 요리와 직접 관련이 없는 다양한 요소를 더해서 자신만의 맛을 느끼기 때문이다.

식당은 좋은 맛의 음식을 만드는 것도 중요하지만 고객이 맛있다고 느끼도록 하는 게 더욱 중요하다. 이것을 잘 연출하는 식당 중에 신주쿠 사보텐(일본의 돈가스 전문 프랜차이즈로 우리나라에도 체인점이 있다)이 있다. 여기서는 고객이 스스로 소스에 넣을 깨를 빻는다. 고객은 주문한 돈가스를 기다리면서 테이블에 마련되어 있는 그릇에 깨를 담아 잘게 빻는다. 이렇게 고소한 깨 냄새를 맡으면서 돈가스의 맛을 상상한다. 대중식당에서 먹는 음식의 맛이 상상을 초월할 정도로 맛있기를 기대하는 사람은 없다. 고객의 입장에서 음식의 맛보다 더 중요한 것은 가정에서 느끼기 어려운 분위기다. 사보텐의 돈가스 역시 다른 식당과 비교해서 엄청나게 맛있지는 않다. 시간이 지나면 고객은 음식의 맛을 잊어버린다. 그러나 깨를 빻던 추억은 마음속에 오랫동안 남는다.

어릴 때 번데기를 먹어본 사람이라면 그 맛은 잊어버려도 추억은 잊지 않는다. 신문지를 접어 만든 고깔에 김이 모락모락 올라오는 번데기를 넣어주면 고깔을 직접 입에 대고 먹을지 아니면 손바닥에 번데기를 몇 개 덜어 조금씩 먹을지 고민하던 추억이 남아 있는 것이다. 번데기가 맛있다고 해봐야 얼마나 맛있겠는가? 요즘도 번화가에 가면 리어카에서 번데기를 파는 상인이 있다. 어느 정도 나이 든 고객이 번데기를 산다면 이는 번데기의 맛이 아니라 과거의 추억을 사는 것이다. 술잔은 비었지만 눈물은 남아 있기 때문이다.

술잔의 절반은 눈물이라는 사실은 기업이 제품의 코모디티화(Commoditization, 제품의 기능이 더 많아지는데도 불구하고 가격은 오히려 하락하는 현상)를 해결하는 힌트가 된다. 제품에 더 많은 기능을 추가하면 가격도 덩달아 올라간다. 그러다가 어느 순간을 지나면서 가격은 오히려 하락하기 시작한다. 제품이 평범하고 진부해졌다는 의미다. 진부한 제품을 구입할 고객은 없기 때문에 자연히 가격도 하락한다.

코모디티화는 기업의 고민이다. 어떤 제품이라도 시장에서 히트하는 기간이 점점 짧아지고 있다. 히트기간이 끝나면 제품의 가격이 하락하고 기업 간에 가격경쟁이 일어난다. 서로 가격을 할인해 고객을 확보한다. 가격경쟁의 끝에는 공짜가 기다리고 있다. 제품을 무료로 제공하는 것이다. 스마트폰과 같이 최첨단 기술이 포함된 제품을 보면 쉽게 이해가 간다. 이 문제를 해결하려면 술이 아니라 눈물에 주목해야 한다. 코모디티화는 제품에 대해 발생하는 현상이지 고객의 눈물에는 일어나지 않기 때문이다.

고객의 생활 속에서 눈물을 찾아라

가격을 두 배로 할 수 없는 제품들

기업이 경쟁에서 이기려고 노력하는 것은 살아남기 위해서다. 생존을 위한 기업의 논리는 단순하다. "기업이 생존하려면 매출이 일어나야 한다. 매출이 일어나려면 제품의 경쟁력이 있어야 한다. 경쟁력을 가지려면 혁신적인 제품으로 차별화해야 한다. 그러므로 기업에서는 연구개발을 게을리 할 수 없다." 이런 논리를 바탕으로 모든 기업은 경쟁자보다 조금이라도 더 기능이 뛰어난 제품을 만들어 차별화하고 싶어 한다. 그러나 결과는 처음 기대와는 다른 경우가 많다. 예를 들어 치열한 연구개발을 거쳐 판매되는 승용차의 가격은 수천만 원 이상이고 건설장비의 가격 역시 수억 원 이상이 매겨진다. 그런데 고가의 자동차나 건설장비의 1kg당 단가는 1만 원 정도다. 서민들이 많이 구입하는 승용차의 1kg당 단가가 1만 5,000원 정도 한다. 아무리 연구개발을 하고 아무리 기능이 뛰어난 제품을 개발하더라도 1kg당 단가를 두 배로 올리기는 어렵다. 현대자동차의 아반테의 경우 무게 약 1,200kg에 가격은 약 1500만 원이므로 1kg당 단가는 약 1만 2500원이다. 아반테의 기능이 아무리 비약적으로 발전한다고 해도 가격이 두 배가 되기는 어려울 것이다. 여러분은 혁신적인 제품이 나오면 가격을 두 배로 주고 구입하겠는가? 1kg당 단가를 생각해보면 기업에서 혁신적인 제품을 개발하는 활동의 한계가 느껴진다.

고구마는 어떨까? 마트에서 판매하는 생고구마의 1kg당 단가는 대개 1만 원 이하. 건설장비의 단가와 비슷하다. 그러나 고구마의 단가는 조금만 궁리하면 몇 배로 올릴 수 있다. 생고구마를 군고구마로 만들어 팔면 1kg당 단가를 두 배로 올릴 수 있다. 물론 인건비가 들고 고구마를 굽기 위한 설비도 필요하겠지만 단가는 두 배로 올릴 수 있다. 재무에 밝은 사람이라면 투자비용과 매출액을 비교해서 이익이 남을 것인지 쉽게 계산할 수 있을 것이다. 만약 생고구마를 원료로 해서 전혀 새로운 맛을 내는 고구마 케이크를 만들거나 건강에 좋은 고구마 음료수를 개발한다면 1kg당 단가는 열 배 이상 올라갈 수도 있다.

우리 주변에서 흔히 볼 수 있는 것 중에서 단가가 크게 변하는 것을 조사해보면 단연 으뜸은 물이다. 우리나라의 수돗물은 1kg

당 1원이 안 된다. 시판되는 생수의 1kg낭 단가가 1,000원이라면 마시는 물의 단가는 천 배 이상 차이가 난다. 요즘 물의 단가는 거의 공짜에서 천 배 이상 비싼 경우까지 매우 다양하다. 봉이 김선달이 살아 있다면 울고 갈 일이다.

도쿄 수도국에서는 도쿄의 일반 가정에 공급하는 수돗물을 500ml 페트병에 담아 '도쿄스이(東京水)'라는 브랜드로 판매한다. 정수 처리한 수돗물을 그냥 담았는데 품질은 기업에서 판매하는 생수와 크게 다를 바 없다. 도쿄 수도국에서 도쿄스이를 판매하는 이유는 수돗물이 안전하고 맛있다는 것을 선전하기 위해서다. 전 세계에서 수돗물을 그냥 마셔도 되는 국가는 우리나라를 포함해 10여 개국에 불과하다고 한다. 기업에서 판매하는 생수에서 대장균이 검출되었다는 뉴스를 보면 오히려 수돗물이 더 안전하겠다는 생각도 든다. 도쿄스이는 도청 안에 있는 매장이나 관련시설에서 판매하는데 도쿄를 찾은 사람들이 기념품으로 많이 구입한다. 수돗물의 품질과 다를 바 없는 기념품 생수는 수돗물의 천 배 이상 가격으로 팔린다.

물이나 고구마나 조금만 노력하면 1kg당 단가를 두 배로 올리는 것이 크게 어렵지 않다. 고구마를 연구개발하는 사례도 거의 볼 수 없다. 고구마 농가에서 최첨단 시설을 갖추고 연구개발에 막대한 비용을 투입해서 혁신적인 제품을 만드는 것도 아니다.

그런데 자동차나 전자제품을 생산하는 글로벌 기업은 어떤가? 아무리 연구개발을 하더라도 가격을 두 배로 올리는 것은 현실적으로 거의 불가능하다. 기업이 살아남기 위해서 혁신을 멈출 수 없는 상황을 생각해보면 이는 참으로 모순이다.

혁신적인 제품인데도 팔리지 않는 이유는?

아무리 혁신적인 제품이라도 여기에 고객의 눈물이 더해지지 않으면 성공하지 못한다. 고객의 눈물은 모든 고객마다 다르고 상황마다 다르기 때문에 생각할 수 있는 범위가 매우 넓다. 만약 기업이 고객의 눈물을 이해하고 싶다면 고객의 생활을 폭넓게 이해해야 한다.

어느 기업에서 연구개발에 성공해 굉장히 맛있는 아이스크림을 만들게 되었다. 이 기업에서 개발한 혁신적인 아이스크림은 매스컴에도 소개되어 짧은 시간에 많은 고객을 확보했다. 고객이 원하는 것을 반영해서 혁신적인 제품을 계속 개발하려는 의도로 마케팅도 열심히 하고 설문조사도 실시했다. 설문조사 결과 제품에 대한 고객의 만족도는 매우 높게 나타났다. 이 결과에 고무되어 기업에서는 아이스크림에 대한 중장기 개발계획을 세우고 제품혁신을 계속해나가기로 했다. 그런데 어느 정도 시간이 지난 후에 아이스크림의 매출액을 보니 예상치 못한 현상이 생겼나. 발매 초기에 최고 매출액을 기록한 후로 판매가 계속해서 줄어들었던 것이다. 제품의 혁신성은 이미 많은 고객이 인정했다. 그런데 왜 매출은 늘지 않고 오히려 감소했을까? 원인은 제품이 아니라 고객의 사고방식에 있었다. 제품 자체에 대한 고객의 만족도는 매우 높았지만 아이스크림이 건강에 좋지 않다고 생각하는 고객이 많았던 것이다. 건강을 중시하는 고객이라면 아무리 혁신적인 아이스크림이라도 어쩌다 한 번 맛을 보는 정도로 만족할 것이다.

이 사례를 반면교사로 삼으면 건강에 좋은 식품은 잘 팔릴 것이라고 생각하게 된다. 과연 그럴까? 어느 반찬가게가 있다. 이 가게 요리사의 솜씨가 너무 좋아서 만드는 반찬마다 인기가 높다. 고객이 좋아하니 요리사는 더 열심히 노력해서 맛있는 반찬을 계속해서 개발한다. 그런데 어느 날부터인가 고객이 뜸해졌다. 고객에게 물어보면 다들 반찬이 맛있다고 한다. 그런데 왜 매출이 줄어들고 있을까? 그 이유는 참으로 역설적이다. 반찬이 맛있으니까 밥을 너무 많이 먹게 된다는 것이다. 반찬가게의 주요 고객은 젊은 여성들인데 이들은 살이 찌는 것에 무척 예민하다. 뱃살을 쳐다보면 먹던 밥도 도중에 치워버린다. 결국 너무 맛있는 반찬을 개발한 반찬가게는 반찬이 너무 맛있기 때문에 망하게 되었다.

위의 사례는 제품혁신에 주력하는 기업에서 자주 나타나는 모순이다. 여기에는 중요한 시사점이 있다. 기업이 고객을 바라보는 시야를 넓혀야 한다는 점이다. 제품과 고객의 범위를 좁게 한정하면 고객이 제품에 대해 느끼는 만족도는 높게 나타나기 쉽다. 대부분의 고객은 의견을 물어보면 그다지 나쁜 말은 하지 않는다. 그래서 제품으로서의 반찬이나 아이스크림에 대한 조사결과만 보면 많은 고객이 만족하고 있다고 해석하게 된다. 고객의 눈물을 이해하려면 그들의 생활 전반을 볼 수 있어야 한다. 고객은 자신의 건강을 생각해서 반찬이나 아이스크림을 많이 먹지 않으려고 한다. 아무리 맛있는 음식이라도 건강을 위해서라면 먹는 양을 억제할 수밖에 없다. 대부분의 고객은 자신의 전반적인 실생활과 접목해서 제품을 이용하기 때문이다.

기업이 제품의 기능에만 집착한 나머지 고객의 눈물을 보지 못하는 경우는 우리 주변에 널려 있다. 대부분의 경우에 고객이 제품을 구입하는 목적은 최첨단 기능 때문도 아니고 보기 좋은 외형 때문도 아니다. 자신이 원하는 상황을 해결하려는 것이 목적이다. 예를 들어 TV를 구입하는 목적은 영화를 보거나 뉴스를 보면서 생활의 수준을 올리려는 것이다. 그런데 제품이 사용하기 불편하다면 고객은 목적을 달성할 수 없다.

요즘 판매되는 TV에는 첨단기능이 많이 들어 있다. 어떤 기능이 있는지 알고 모든 기능을 충분히 활용하는 고객이 얼마나 있을지 의문이다. TV를 보는 고객이 일상적으로 느끼는 불편함은 오히려 리모컨에 있다. 리모컨 조작 버튼이 너무 많고 기능도 복잡하다. 도대체 뭐가 뭔지 모르겠다. 리모컨에서 가장 많이 사용하는 기능은 채널을 바꾸고 소리를 조절하는 정도다. 나머지는 있으나 없으나 큰 문제가 되지 않는다. 하지만 갈수록 다양한 기능이 추가되는 리모컨 때문에 고객은 마음이 불편하다. 복잡하기로 따지자면 스마트폰도 마찬가지다. 수많은 기능과 앱이 깔려 있지만 자주 사용하는 기능은 몇 개 되지 않는다.

건물에서 엘리베이터를 타면 층을 누르는 버튼이 있다. 그런데 버튼 위치를 찾기 어렵거나 숫자가 너무 작거나 버튼 바탕색과 층을 표시하는 숫자색이 거의 비슷하면 어떨까? 제품으로서의 엘리베이터를 개발한 직원은 스스로 예술작품을 만들었다고 생각할 수도 있다. 그러나 고객이 이 제품을 이용하는 목적은 예술작품 감상이 아니다. 자신이 가려는 층에 정확하게 도착하는 것이다. 이를 실현하기 위해서는 내리려는 층의 버튼을 정확하게 눌러야 한다. 모든 고객이 건강한 젊은이는 아니다. 어린이도 있고 노인도 있다. 노안이나 색맹인 사람도 있다. 리모컨이나 엘리베이터의 버튼을 보면 고객의 눈물을 이해한 직원이 제품을 설계했는지 아닌지 금방 알 수 있다.

고객의 눈물은 생활 속에 있다

기업이 고객을 바라보는 시야를 넓히면 지금까지는 알지 못하던 고객의 눈물을 찾을 수 있다. 고객의 눈물에 집중함으로써 기업의 성격을 완전히 바꾼 사례가 있다. 타니타라는 기업이다. 이 기업은 술에 집중하는 것이 아니라 고객이 어떤 눈물을 흘리는지 이해한 결과 전혀 새로운 사업 분야를 개척했다. 1923년 일본에서 설립된 타니타는 처음에는 담배 케이스나 라이터와 같은 금속가공 제품을 제조해 판매했다. 그 후 토스터를 개발했으며 최근까지 가정용 체중계를 주력상품으로 판매해왔다. 타니타가 세계 최초로 개발한 체지방계는 2500만 대 이상 판매된 혁신적인 제품이다.

많은 기업은 어떻게 하면 혁신적인 제품을 개발할 수 있을지 고민한다. 혁신적인 제품만 개발하면 기업의 실적이 크게 개선될 것이라고 믿기 때문이다. 그러나 혁신적인 제품을 계속 개발하는 타니타는 큰 고민이 있었다. 바로 주력제품인 체중계에 대한 모순이다. 체중계는 내구성이 뛰어나다. 견딜 수 있는 무게도 100kg이 넘는다. 그런데 체중계를 튼튼하게 만들면 만들수록 고객은 거의 반영구적으로 사용한다는 것이 문제다. 체중계보다 가격이 100배 이상 비싼 자동차도 10년쯤 사용하면 새것으로 교체하는데 체중계는 새것으로 교체하려는 수요가 크지 않다. 만약 여러분의 가정에 체중계가 하나 있다고 하자. 매장에 가보니 기능이 더 추가된 혁신적인 체중계가 나왔다. 얼른 이 체중계를 살까? 그렇지는 않을 것이다. 기업에서 아무리 혁신적인 제품을 개발해도 고객은 마치 기다렸다는 듯이 얼른 이 제품을 구입하지는 않는다. 여기에 큰 고민이 있다. 고객이 즉시 구입하지 않거나 시장이 정체되어 있더라도 기업으로서는 끊임없이 혁신적인 제품을 개발할 수밖에 없다는 사실이다.

체중계는 고객의 입장에서도 모순을 가지고 있다. 체중계는 건강을 위해 자신의 체중을 정기적으로 확인하기 위한 수단이지만 최근에 뱃살이 나오고 몸이 좀 무거워졌다고 느끼는 사람은 자신의 체중을 알기가 두렵다. 그래서 애꿎은 체중계를 미워하게 된다.

체중계의 이런 모순을 해결하기 위해 타니타는 고객의 생활에 주목했다. 우선 직원식당에서 500kcal 이하의 식단을 개발하고 직원에게 제공했다. 직원들의 의견을 들어가면서 많은 메뉴를 개발했는데 모든 메뉴는 포만감을 느끼면서도 체중이 늘지 않고 건강을 유지할 수 있는 특징이 있었다. 직원식당이 높은 평가를 받자 타니타는 2012년에 도쿄역과 왕궁(고쿄) 사이에 위치한 일본 최고의 오피스 거리에 타니타 식당을 개업했다. 소금을 적게 사용하면서 칼로리가 낮은데도 맛있고 포만감을 주는 메뉴는 건강에도 도움이 된다. 이 식당은 금세 유명해지고 식사시간만 되면 식당 입구에 긴 행렬이 생겼다. 이 식당의 메뉴를 책으로 출판하자 500만 부 이상 판매되었다. 이로써 타니타는 체중계 제조기업에서 고객의 건강을 지켜주는 기업으로 완벽하게 탈바꿈했다.

타니타는 여기서 한 걸음 더 나아가 많은 기업과 협력해서 새로운 사업모델을 만들어가고 있다. 예를 들어 다른 기업이 판매하는 먹을거리에 자사의 조리법을 제공하는 것이다. 바로 소금을 적게 넣고 칼로리를 낮추면서 맛있고 포만감을 주는 조리법이다. 아무리 건강에 좋은 식단이라도 고객의 입장에서는 음식을 씹는 맛이 중요하며 포만감을 느껴야 한다. 이런 고객을 위해 100kcal 이하의 디저트도 제공하는데 이 메뉴는 특히 편의점에서 인기가 높다. 이런 방식으로 현재까지 열 개 이상의 기업과 협력하고 있다.

최근에는 대규모 아파트 단지와도 협력을 시작했다. 단지 내에 타니타 식당과 타니타 카페를 만들어 운영하면서 주민들에게 건강에 좋은 음식을 제공한다. 주민들은 여기에서 배부르고 맛있게 음식을 먹는다. 집에 가서는 타니타 제품을 이용해서 체중과 활동량을 비롯한 각종 건강수치를 확인한다. 타니타는 지방자치체와도 협력해서 폭넓고 장기적인 사업을 전개해가고 있다. 주민들이 맛있게 잘 먹고 즐겁게 운동하며 건강을 유지하게 하는 것이다. 수민늘이 건강하면 지방 자치체가 부담하는 건강 관련 예산이 그만큼 줄어든다.

타나타 건강 프로그램에 가입한 단체와 기업은 현재 100여 곳이 넘는다. 회원은 매일 활동량을 확인하고 매주 1회 이상 건강을 확인한다. 그 결과 회원기업의 연간 의료비가 평균 12% 절감되었다고 한다. 타니타는 다른 조직과 다양한 방식으로 협력하면서 매출을 늘리고 있다. 여기서 중요한 사실은 타니타가 더 이상 체중계에 집중하는 기업이 아니라는 점이다. 타니타가 집중하는 것은 건강하게 살고 싶다는 고객의 눈물이다. 고객은 타니타의 도움으로 마음껏 먹고 건강하게 생활한다. 타니타는 고객을 건강하게 만드는 음식을 제공하면서 동시에 고객의 건강상태를 측정하는 제품도 제공한다. 이 사례는 〈체지방계 타니타의 직원식당〉이란 제목으로 영화로도 만들어졌는데 2014년 제11회 서울환경영화제에 초청되었다.

고객의 눈물을 찾을 수 있는 기업만이 혁신적인 제품을 만들 수 있다. 앞서 말했듯이 고객의 눈물은 생활 속에 녹아 있으므로 혁신적인 제품을 궁리할 때는 동종업계나 경쟁자가 아니라 고객을 보아야 한다. 이를 잘 말해주는 경영자가 있다. 세븐일레븐의 스즈키 도시후미 회장이다. 세븐일레븐은 40년 전 일본에 도입

된 최초의 편의점이다.

이 기업을 크게 성공시킨 스즈키는 지난 40년 동안 다른 기업이 운영하는 편의점에는 한 번도 가본 적이 없다고 말한다. 왜냐하면 비슷한 형태로 편의점을 운영하는 경쟁기업은 고객이 아니기 때문이다. 편의점은 글자 그대로 고객이 편하게 들어와서 편하게 구입할 수 있는 곳이어야 한다. 그러므로 무엇을 어떻게 해야 고객이 편하다고 느끼는지 알려면 경쟁기업이 아니라 고객의 생활을 들여다보아야 한다.

스즈키가 발견한 고객의 눈물은 동일함이다. 고객은 언제 어디서나 동일한 제품을 동일한 가격과 동일한 방식으로 쉽게 구입하길 원한다는 것이다. 이를 만족시키기 위해서 고객의 눈에 보이지 않는 물류, 창고, 공장, 시스템을 개혁했다. 편의점이 고객의 생활 속에 마치 공기처럼 존재하는 것을 목표로 했다. 편의점을 운영하는 경영자도 그렇지만 기업 경영자들은 대부분 동종업계의 경쟁기업을 관찰하고 참고로 해서 무엇인가 힌트를 얻으려고 한다. 스즈키는 이런 방식을 거부했다. 업계의 관행에서 벗어나지 못하기 때문이다.

업계의 관행은 대부분 고객의 관점과는 전혀 동떨어진 그들만의 독특한 관점이다. 동종업계에서 경쟁기업을 보면 볼수록 창의적인 발상은 생기기 어렵다. 업계의 편견을 상식이라고 생각하게 되므로 오히려 창의성에 방해가 된다. 고객의 눈물에 집중해야 고객을 위한 발상이 생긴다. 예를 들어 상품의 진열도 그렇다. 편의점에서는 고객이 상품에 흥미를 느끼게끔 진열해야 한다. 고객이 사고 싶어 하는 상품을 중심으로 진열하되 고객에게 새로운 상품을 소개하는 것도 잊지 않는다. 그래서 스즈키는 직원들에게 경쟁기업을 관찰하지 말고 우리 매장을 찾은 고객의 행동을 관찰하라고 한다. 이를 바탕으로 가설을 세우고 실행하며 그 결과를 검증하라고 요구한다.

생활 속에 고객의 눈물이 녹아 있는 사례 중에는 약과 관련된 것이 많다. 대부분의 고령자들은 매일 한두 알의 약을 먹는다. 그런데 약을 먹을 때마다 알약의 크기가 너무 커 불편함을 느끼는 사람이 많다. 한 번에 다 삼키지 못하니까 알약을 쪼개 몇 번씩 나눠 먹는 사람도 있다. 하루에도 몇 번씩 알약을 먹는데 먹을 때마다 고통스럽다. 건강해지려고 약을 먹는데 약을 먹는 과정은 전혀 건강하지 않다.

일본의 다케다제약의 영업직원은 평소에 의사와 간호사를 만나면 그들과 이런저런 대화를 나눈다. 반드시 영업에 관한 내용이 아니더라도 가벼운 수다를 떨기도 한다. 어느 날 영업직원이 조그마한 병원을 방문해 대화를 나누는데 한 간호사가 이런 말을 했다. "약이 너무 커서 어떤 환자들은 약을 반으로 쪼개서 먹기도 한답니다." 1781년 설립된 다케다제약은 아시아에서 가장 큰 제약 회사다. 신약개발을 포함한 혁신에 누구보다 앞장서고 있는 기업이다. 이 회사가 이전까지 주목했던 것은 약의 기능이었다. 약을 먹는 고객이 느끼는 불편함은 혁신의 대상이 아니었다. 약의 크기가 고객을 불편하게 한다는 사실은 전혀 몰랐다. 제품을 이용하는 대부분의 고객이 느끼는 눈물이지만 의외로 기업에서는 알지 못하는 경우가 많다. 고객의 눈물을 알게 된 다케다제약은 알약의 크기를 반으로 줄였고 그 결과 고객이 약을 먹는 고통이 크게 줄어들었다. 고객의 입장에서는 약의 기능뿐만 아니라 복용의 편의성도 매우 중요하다.

약 먹을 때 느끼는 불만은 많은 사람들이 느끼지만 어떤 한 회사를 향한 클레임으로 발전하지는 않는다. 거의 모든 고객이 가지는 불만이지만 특별히 어느 회사로 클레임을 걸어야 할지도 모르기 때문이다.

우리나라에서 '용각산'으로 알려진 제품을 생산하는 일본의 제약 회사 류카쿠산은 고객의 이런 눈물을 우연히 알게 되었다. 이 기업은 1871년 창업한 이래 목을 보호하는 생약성분의 제품을 개발해왔다. 그러나 시대가 변하면서 류카쿠산을 찾는 고객이 점차 줄어들었다. 매출 역시 감소해 회사의 생존마저 위태로운 정도가 되었다. 그러나 최근에 이 기업은 실적을 회복하고 다시 살아났다. 고객의 눈물, 즉 약을 먹는 것 자체를 힘들어하는 고객이 많다는 사실을 알게 된 덕분이다. 약을 삼켜야 하는 목은 처음부터 류카쿠산이 집중하고 있던 부분이다. 그러나 알약 때문에 목이 고통스럽다는 사실은 전혀 몰랐다. 고객의 관점에서 보면 어떻게 이런 고통을 모를까 의아하지만 실제로 고객의 눈물을 제대로 이해하는 기업은 극소수다.

목에서 고객의 눈물을 발견한 류카쿠산은 약을 먹기 좋게 감싸는 젤리를 개발했다. 이 제품은 한천을 원료로 하기 때문에 약과 함께 위장에 도착하면 물로 변한다. 약이 목을 잘 통과하도록 도와주고 스스로 물이 되어 없어지는 것이다. 한천은 물에 잘 녹고 말랑말랑하며 열량이 낮아 다이어트 식품으로도 잘 알려져 있다. 약에 사용되는 젤리는 35개국에서 특허를 취득했으며 그 결과 매출도 지속적으로 늘고 있다. 고객이 약을 먹으면서 한마디 툭 던지는 말은 제약 회사에 클레임을 걸 정도의 불만은 아니다. 그러나 이러한 조그마한 불만에서 고객의 눈물을 발견하고 이를 해결할 수 있는 제품을 개발하면 이것이 바로 혁신적인 제품이 된다.

불만은
혁신의
시작이다

CHAPTER
3

클레임에 숨어 있는 혁신의 힌트

고객의 한마디는 기업에 주는 선물

1998년 12월에 한 고객이 도시바의 비디오 레코더를 구입했다. 고객은 제품의 결함을 지적하면서 부품을 교환해주거나 수리해 줄 것을 요청했다. 판매점에서는 고객의 요구를 해결하기 위해 노력했으나 고객은 이에 만족하지 않고 계속 판매점과 실랑이를 벌였다. 그러는 사이 고객의 불만은 점점 더 커졌고 항의 수위도 점점 높아졌다.

판매점에서는 고객의 불만이 커지자 이 문제를 본사로 이전했다. 마침내 1999년 2월에 고객과 본사 담당자가 전화통화를 하게 되었다. 담당자는 제품의 결함이 아니고 고객의 부주의로 인해 작동이 안 되는 것이라고 말하며 고객이 마치 폭력단과 관계가 있는 듯한 폭언을 쏟아부었다. 전화통화는 2분이 채 안 되어 끊어졌다. 고객은 통화한 내용을 녹음해 인터넷에 공개했다. 그리고 1000만 명 이상이 이 대화를 들었다. 일본에서 클레임이라는 용어가 본격적으로 퍼지게 된 계기가 된 사건이다. 이 사건이 공개된 뒤 많은 기업에서는 고객의 클레임에 어떻게 대응할 것인지 체계를 갖추기 시작했다.

위의 사례에서 기업과 고객 중 누가 잘못했는지는 분명하지 않다. 고객은 상식을 벗어난 수리와 변상을 요구하면서 집요하게 항의했다. 기업에서는 고객을 폭력배처럼 묘사하고 폭언을 하면서 거칠게 대했다. 상식을 벗어난 요구와 상식을 벗어난 대응이 서로 부딪친 것이다. 이 사건에서는 고객과 기업 모두에게 잘못이 있다고 보는 견해가 많다. 그러나 사건 초기에 많은 사람들이 주목한 것은 기업의 담당자가 고객에게 퍼부은 폭언이었다. 녹음내용을 들은 사람들은 기업이 횡포를 부린다고 받아들였기 때문이다.

이 녹음은 지금도 인터넷에서 검색하면 들을 수 있다. 이 책의 참고문헌에 인터넷 사이트를 밝혀두었다. 담당자는 경찰 출신이었다고 한다. 그래서인지 녹음을 들어보면 목소리는 위압적이고 사용하는 단어는 거칠다. 고객을 대하는 직원의 말투라고는 도저히 생각하기 어려울 정도다. 고객은 직원 한 사람과 전화통화를 하더라도 기업과 대화하는 것이라고 생각한다. 그 직원이 말한 내용은 고객이 기업을 평가하는 잣대가 된다.

여름이나 겨울에 지하철을 타면 같은 실내온도를 두고 어떤 승객은 너무 덥다고 불만이고 어떤 승객은 너무 춥다고 불만이다. 모든 승객을 다 만족시킬 수는 없다. 지하철 운영회사는 지하철 몇 량의 온도를 상대적으로 약간 올리거나 약간 내려서 이런 고객의 요구에 대응한다. 고객이 스스로 온도가 높거나 낮은 칸에 탑승하라는 것이다. 고객의 작은 불만은 마치 커다란 항아리에 난 조그만 구멍과 같다. 물이 가득 차 있는 항아리에 아주 작은 구멍이 하나 있다고 해서 물이 금방 다 새는 것은 아니다. 그러나 조그만 구멍은 어느 틈엔가 커다란 구멍이 된다. 그러면 항아리에 담긴 물이 다 새어나가고 더 이상 물은 남지 않는다.

고객의 작은 불만을 막으면 큰 문제를 막을 수 있다. 마치 어릴 적 읽은 동화와 같다. 제방에 난 구멍을 보고 한 소년이 자신의 손으로 구멍을 막아서 큰 피해를 막았다는 이야기다. 고객이 기업에 클레임을 거는 비율은 미국은 4%라고 한다. 우리나라에서는 이보다 더 낮을 것으로 보인다. 우리나라 고객들은 대부분 작은 불만을 마음속에 담아두기 때문이다. 그리고 기업이 이런 불만을 알아주기를 기대한다. 기업 역시 고객에게 적극적으로 설명하거나 해명하지 않는다. 시간이 지나면 고객들이 진심을 알아줄 것이라고 기대한다.

만약 클레임을 그대로 방치하면 어떻게 될까? 비슷한 클레임이 증가하고 고객이 이탈하며 시장에는 부정적인 소문이 퍼지게 되어 잠재고객을 잃을 것이다. 기존 고객 중에서도 다시는 구입하지 않겠다고 생각하는 고객이 늘어난다. 이런 상황이 벌어지면 기업은 스스로 깨닫지 못하는 사이에 쇠퇴해간다. 마치 서서히 끓는 물속에 들어가 있는 개구리와 같다. 이 세상에 완벽한 기업은 없다. 이는 고객도 알고 있다. 그러므로 고객이 보는 것은 완벽이 아니라 대응이다. 고객이 건 클레임에 기업이 얼마나 성의 있고 빠르게 대응하는지를 본다.

고객이 거는 클레임에는 혁신의 힌트가 숨어 있다. 그래서 많은 기업에서는 이렇게 말한다. "고객이 무심코 던진 한마디는 기업에 주는 선물이다." 미디어에는 고객의 클레임을 보석처럼 생각하고 성실하게 대응해서 오히려 전화위복이 된 사례가 많이 소개된다. 그러나 실제로 고객을 접촉하는 직원들은 다르게 받아들인다. 머리로는 클레임이 중요한 선물이라고 생각하더라도 마음으로는 싫은 게 당연하다. 클레임은 직원을 의기소침하고 우울하게 만든다. 직원의 업무와 관련해 고객의 클레임이 들어오면 인사고과에서 나쁜 평가를 받기도 한다. 직원의 입장에서 클레임 처리는 잘해야 본전이다. 그래서 생각이 수동적이 되고 막상 클레임이 들어오면 피하거나 도망가려는 자세가 된다.

불만을 예측해서 한발 앞서 해결한다

기업에서는 클레임을 대하는 자세를 처음부터 다시 생각해야 한다. 클레임이 걸린 뒤의 후속 대책이 아니라 아예 기업이 처음부터 주도적으로 클레임을 설계하면 어떨까? 클레임 설계란 아직 존재하지 않은 제품을 대상으로 어떤 고객이 어떤 클레임을 제기할지 예상하고 그것을 없애려면 어떻게 해야 할지 미리 준비하는 작업이다.

고객이 클레임을 제기해야만 반응하는 기업이라면 고객이 정말 원하는 것은 무엇이고 원하지 않는 것은 무엇인지 알지 못한다. 고객이 요구하기 전에 적극적이고 긍정적으로 움직여서 고객의 마음속을 들여다보아야만 불만을 알 수 있다. 고객이 마음속에 가지고 있는 불만을 이해하고 한발 앞서 해결하면 커다란 클레임을 미리 해결하는 것과 같다. 이런 태도야말로 고객을 대하는 첫걸음이다. 고객이 어떤 불만을 가질지 미리 예측하고 고객이 말하기 전에 불만을 해결하려면 클레임을 설계해야 한다.

세상에는 완벽한 기업도 없고 완벽한 제품도 없다. 그러므로 어떤 제품이라도 언젠가는 반드시 클레임이 걸린다고 예상하는 것이 현실적이다. 아무리 혁신적인 제품을 개발하더라도 막상 고객이 경험하고 나면 클레임이 제기된다. 기업에서 제품을 개발할 때는 이 제품에 대한 클레임도 동시에 설계해야 한다. 미래의 고객이 어떤 클레임을 걸지 미리 예측하고 이에 미리 대응하는 것이다. 클레임 설계는 고객이 미처 눈치채기도 전에 기업이 스스로 클레임을 기획하는 작업이다.

유니클로는 1995년 일본의 전국지 1면에 광고를 실었는데 그 내용이 파격적이었다. "유니클로의 나쁜 점을 말하고 천만 원을 받자"라는 제목의 광고였다. 이 광고를 보고 전국에서 1만 통 이상의 클레임이 들어왔다. 유니클로는 대대적인 클레임 모집을 통해서 전혀 생각지도 못했던 고객의 불만을 이해하고 이를 계기로 품질수준을 한 단계 높일 수 있었다. 지금은 클레임을 모집하는 광고를 하지 않는데도 매일 100건 이상의 클레임이 들어온다. 모든 클레임은 사장을 포함한 전 직원에게 공개되며 다음 제품에 반영된다.

중소기업이나 개인 사업자가 단독으로 클레임을 설계하기는 현실적으로 어렵다. 인력도 모자라고 예산도 모자라기 때문이다. 이런 경우에는 동종업계의 기업이 모여서 함께 클레임을 설계하거나 같은 지역의 상인회가 연합해 클레임을 설계한다. 클레임 설계의 결과를 반영해 제품의 기능이나 형상을 변경한다. 혹은 제품 사용설명서에 내용을 추가하고 주의사항을 적는다. 경우에 따라서는 관련 법안을 제정하거나 개정하도록 노력한다. 아무리 해도 해결하지 못하는 클레임이 예상된다면 제품의 출시를 연기하거나 포기할 수도 있다.

고객의 요구는 무한하다. 고객은 하나에 만족하면 그다음 단계를 요구한다. 만족은 끝이 없다. 고객의 불만도 마찬가지다. 불만을 하나 해결하면 새로운 불만이 또 하나 생긴다. 만족과 불만은 동전의 양면처럼 언제나 함께한다. 고객의 불만을 정면으로 해결하는 기업은 강한 체질이 된다. 클레임을 설계하는 사람을 스마트 클레이머(smart claimer)라고 한다. 기업에서는 스마트 클레이머를 활용해 클레임을 설계함으로써 스스로 강한 체질을 만들어가야 한다. (스마트 클레이머에 대해서는 《탁월한 혁신은 어떻게 만들어지는가》를 참조하기 바란다.)

타깃 고객층을 명확히 한다

인터넷 게시판을 보다가 이런 사례를 발견했다. 작은 분식점에 엄마부대가 유모차를 끌고 왔다. 젊은 엄마 세 명에 아기 세 명과 유모차 세 대다. 가게 안으로 유모차가 들어오면 분식점이 꽉 차서 더 이상 고객을 받을 수가 없다. 게다가 자리가 비좁아지기 때문에 다른 고객들도 싫어한다. 이런 상황을 고려해 분식점에서는 유모차는 밖에 두고 들어오라고 했더니 엄마들이 화를 냈다. 분식점 입장에서는 어떻게 하는 게 좋을까? 이 상황을 해결하려면 먼저 고객이 누구인지 정해야 한다. 만약 타깃 고객층이 주변의 직원이나 학생이라면 고객으로 붐비는 시간에는 유모차의 입장을 거절해야 한다. 다른 고객에게 방해가 되기 때문이다. 만약 타깃 고객이 지역의 주민이라면 엄마부대에게 분식점의 입장을 알리고 함께 해결방법을 찾아야 한다.

기업의 제품을 구입한 사람은 누구나 다 고객이다. 그러나 꼭 제품을 구입하지 않더라도 넓은 의미에서 고객이라고 볼 수 있는 사람도 있다. 예를 들어 경쟁기업의 제품을 구입한 사람은 잠재적인 고객이다. 언제든지 우리 제품을 구입할 가능성이 있기 때문이다. 이외에도 공급업자, 유통업자, 직원, 직원의 가족, 지역주민도 넓은 의미에서 고객이라 볼 수 있다. 그러나 기업에서는 그중에서 타깃으로 하는 고객이 누구인지 명확하게 정해야 한다. 그리고 이 고객에게 집중해야 한다.

같은 업종이라고 해서 모든 기업의 고객이 다 같지는 않다. 수족관의 경우를 보자. 국제 수족관 포럼(IAF)에 등록된 전 세계의 수족관은 2011년 기준으로 431관이다. 그중에서 일본이 70관으로 가장 많다. 등록되지 않은 수족관까지 합하면 전 세계에 약 1,000곳 이상의 수족관이 있다고 한다. 수족관은 대부분 바닷가에 설치한다. 바닷물을 정화해서 사용하면 편리하기 때문이다. 바다에서 먼 수족관들은 인공해수를 만들어 사용한다. 수족관의 고객은 누구일까? 쉽게 예상할 수 있는 것은 어린이를 동반한 가족이다. 수족관은 대부분 야외나 바닷가에 있기 때문에 주말에 가족단위로 놀러 나온 고객이 많다. 여기에 함정이 있다. 모든 수족관을 방문한 총 방문객에 대한 비율이기 때문이다. 만약 수족관이 도심에 있다면 어떨까?

도쿄 중심가에 위치한 이케부쿠로 역은 하루 평균 이용자 수가 250만 명 이상이다. 역 주변에는 대형 백화점과 쇼핑센터도 여러 개 있어서 이동인구도 많고 하루 종일 혼잡하다.

역에 인접한 선샤인 빌딩 60층 옥상에 선샤인 수족관이 있다. 수족관의 연간 방문객 수는 224만 명 이상이다. 대도시 한복판의 대형 건물과 그 건물 안에 있는 수족관. 이 수족관의 고객도 어린이를 동반한 가족일까? 그렇지 않다. 선샤인 수족관의 타깃 고객은 어른인데 특히 젊은 여성이 주를 이룬다. 어른이 휴식을 취하거나 데이트하며 시간을 보낼 수 있는 장소로 수족관을 선택하도록 하는 것이 마케팅의 포인트다. 어른을 고객으로 정하고 이들에게 집중하기 위해서 도심의 오아시스라는 슬로건을 내걸었다. 수족관의 분위기는 어른들의 관심을 끌도록 만들었다. 도심에서 어른이 휴식하러 오는 수족관은 어린이가 주 고객인 수족관과는 달라야 한다. 어른은 단순히 물고기를 본다거나 물개 쇼를 보러 오는 것이 아니다. 오랜만에 도심의 혼잡함에서 벗어나

환상적인 세계가 펼쳐지기를 기대한다. 이런 분위기라면 도심에서도 충분히 휴식을 만끽할 수 있다.

모든 고객을 대상으로 하면 모든 고객이 만족하지 못한다

타깃 고객을 명확하게 정의하고 여기에 집중하는 기업이 있는가하면 고객이 잘 알아채지 못하도록 고객층을 제한하는 기업도 있다. 특히 패션업계에서는 제품의 크기로 고객에 제한을 둔다. 일반적으로 키가 크고 날씬한 사람이 옷을 입으면 보기에도 좋다. 자연히 광고효과도 크다. 이를 노리고 가장 큰 사이즈의 의류 제조를 극도로 제한하는 것이다. 만약 다른 기업에서 가슴둘레 100cm의 셔츠를 L 사이즈로 분류한다면 이 기업에서는 XL 사이즈로 분류하고 제조 수량에도 제한을 둔다. 자신의 신체가 보통이라고 생각하는 고객이 이 회사의 보통 크기의 제품을 구입하면 너무 작아서 입기 어렵다. 기업은 자사의 제품에 가장 어울리는 신체를 정하고 여기에 어울리지 않는 제품은 거의 만들지 않는다. 신체 크기를 제한하고 이에 맞는 의류만 제조한다면 자연스럽게 고객을 제한할 수 있다.

모든 고객을 대상으로 하면 모든 고객이 만족하지 못한다. 기업에서는 일부 고객을 타깃으로 정하고 이 고객에게만 집중한다. 고객이 기업을 선택하는 것처럼 기업도 고객을 선택하는 것이다. 고객이 원하는 것은 감동이다. 기업은 모든 고객을 감동시킬 수 없기 때문에 특정 고객에만 집중한다는 발상이다. 고객을 제한하는 방법 중에는 단골고객을 우대하는 방법도 있다.

오랫동안 영업을 하면 일반 고객은 물론이고 단골고객도 늘어난다. 기업이 중요하게 생각해야 하는 고객은 한 번에 대량으로 구입하는 고객이 아니라 조금씩이라도 반복해서 구입하는 단골이다. 기업은 신규고객보다 단골고객을 중요하게 여겨야 한다. 시장 점유율 대신 고객 점유율을, 고객의 단기적인 가치 대신 고객의 생애가치를 중요하게 생각해야 한다. 따라서 고객을 차별하는 것이 아니라 단골고객과 일회성 고객을 구분하고 각 고객의 특징을 이해할 필요가 있다. 예를 들어 대대적인 할인행사를 하는 경우에 먼저 안내하는 대상자는 최근 1년 이내에 구입한 이력이 있는 고객에 한정하는 식이다. 고객 중에는 건물이나 시설에 끌려서 자주 오다 보니 단골이 되는 경우도 있다. 그러나 시간이 지나면 건물과 시설은 낡아간다. 단골고객이 중시하는 것은 일시적인 가격할인이 아니라 기업이 고객을 대하는 문화다.

어린이는 고객인가 방해꾼인가?

기업에서 어린이를 보는 시각은 다양하다. 귀여운 고객으로 보기도 하지만 문제를 일으키는 대상으로 여기기도 한다. 사회적으로는 어린이가 다니는 유치원에 대해서도 이견이 팽팽하다. 맞벌이 부부가 많은 일본에서는 도심지에 세워진 유치원을 흔히 볼 수 있다. 그런데 유치원을 둘러싸고 지역주민이 찬반 양론으로 나뉘어 서로 반발하는 경우가 많다. 아이들 노는 소리에 하루 종일 귀가 멍하다는 주민과 국가의 미래인 어린이 교육에 협력해야 한다는 주민으로 나뉘어 격렬하게 대립한다. 유치원에서는 주민들의 불만을 이해하고 많은 아이들을 한꺼번에 데리고 밖으로 나가는 것을 삼가거나 운동장에서 노는 시간을 줄인다. 지역 주민과 협의해서 유치원 담벼락에 방음벽을 설치한 곳도 있다. 그러나 아무리 지역주민과 협의해도 해결책을 찾지 못한 채 결국 유치원을 열지 못하는 곳도 늘어나고 있다.

마찬가지로 사람이 많이 모이는 매장이나 공공장소에서 어린이를 대하는 관점도 두 가지다.

먼저 어린이를 방해꾼으로 보는 경우를 보자. 사람이 많이 모이는 곳에 어린이를 동반하고 오는 부모가 있다. 에너지가 넘치는 아이들은 그곳이 놀이터인 양 과격하게 뛰어다니거나 고함을 지르면서 다른 사람에게 피해를 준다. 따라서 공공장소나 판매 시설에서는 어린이들이 별도의 공간에서 마음껏 놀 수 있도록 놀이방을 마련하는 등 대책을 강구해야 한다. 그렇지 못하면 고객끼리 갈등이 생길 수 있다. 어린이를 방치하는 것에 불만을 가진 고객이 부모에게 한마디 하는 것이다. 이런 경우 "아이들이 다 저렇지"라고 말하며 무심하게 넘어가는 부모도 있고 어린이를 단속하는 부모도 있다. 어느 쪽이든 부모의 마음이 불편한 것은 사실이다. 그러다 보니 어린이를 동반한 고객이나 그렇지 않은 고객이나 모두 불만을 가지게 된다. 공연장이나 주점에서 어린이의 입장을 금지시키는 것은 대부분의 고객이 이해한다. 그러나 다른 시설에 대해서는 찬반 양론이 거세다. 만약 어린이를 방해꾼으로 본다면 입장이 가능한 연령을 정하거나 별도의 공간과 시설을 마련해야 한다. 여의치 않으면 처음부터 어린이의 입장을 거절해야 한다. 현실적으로 모든 고객을 다 만족시킬 수는 없기 때문이다.

한편 어린이를 고객으로 보는 경우에는 처음부터 어린이를 고객으로 대하고 다양한 경험을 선사한다. 예를 들어 식당에서는 어린이가 부모와 함께 와서 식사할 수 있는 환경을 마련하거나 어린이 전용 프로그램을 별도로 운영할 수 있다. 대형 마트나 백화점과 같은 판매시설에서는 가정에서나 학교에서 배우지 못하는 것을 매장에서 배우게 한다. 매장의 직원도 어린이에게 반말을 하거나 함부로 대하지 않는다. 그 대신 어린이에게도 사회생활에 필요한 매너를 요구한다. 대형 마트나 백화점은 교육기관이 아니다. 아무리 어린이라도 고객으로 입장한 이상 매너를 지키지 않으면 부모에게 항의해야 한다. 부모는 어린이에게 다른 고객에게 피해를 주면 안 된다는 것을 교육시킬 의무가 있다.

기업은 필요하다면 어린이를 대상으로 하는 교육 프로그램을 별도의 상품으로 만들어 판매할 수 있다. 예를 들어 금융기관에서는 고객의 자녀를 대상으로 금융교육을 하고 식당에서는 고객의 자녀를 대상으로 테이블 매너를 포함한 식사예절을 가르치는 식이다. 테이블 매너 교육에서는 포크와 나이프를 어떻게 사용하는지 어떤 자세로 식사하는지 가르친다.

식당에서 어린이를 대상으로 교육 프로그램을 판매하면 어린이들은 문화를 배운다. 기업으로서는 어린이에게 식사예절을 가르치면서 미래의 고객을 육성하는 기회가 된다. 예절과 문화를 배운 어린이가 어른이 되면 공공장소에서 매너에 어긋난 행동을 할 가능성은 낮다.

키자니아(KidZania)는 어린이를 고객으로 해 성공한 사례다. 이 기업은 1999년 멕시코에서 시작해 우리나라를 포함한 다양한 지역에서 어린이에게 직업체험을 판매하고 있다. 이 시설에 입장할 수 있는 고객은 3세 이상 15세 이하이며 아이들은 재미와 교육을 통해서 직업의 세계를 체험할 수 있다. 어린이를 데리고 온 어른도 입장할 수 있지만 직업을 체험할 수는 없다. 어린이들이 체험할 수 있는 직업은 90종류 이상으로 다양한데 예를 들어 햄버거 가게 점원, 요리사, 과학자, 소방관, 재판관, 은행원, 택배 배달원, 의사, 비행기 승무원 등이 있다. 어린이는 체험을 무사히 완수하고 나면 자체 통화인 키조를 급여로 받고 이것으로 매장에서 사고 싶은 것을 구입한다. 어린이는 스스로 일을 하고 돈을 벌어서 소비하는 체험을 통해서 직업의 세계를 구체적으로 이해할 수 있다.

스스로 고객의 입장이 되어본다

전혀 병에 걸리지 않는 사람이 없듯이 현실적으로 완전무결한 기업은 없다. 고객도 이런 사실을 잘 알고 있다. 그러므로 고객은 기업의 결점에 불만을 가지는 것이 자연스럽다. 너무 많은 고객이 너무 자주 불만을 가지는 것은 문제지만 고객의 불만이 전혀 없는 것이 오히려 더 큰 문제다. 왜냐하면 큰 병이 숨어 있을 수 있기 때문이다. 고객의 불만은 예방주사와 같다. 예방주사를 맞으면 큰 병에는 걸리지 않는 대신 가볍게 앓고 지나간다. 그러므로 수시로 고객의 불만을 조사해 큰 병을 예방해야 한다. 고객을 충분히 만족시키는 것과 불만을 없애는 것을 동시에 실현해야 한다. 사실 고객 스스로는 평소에 무엇에 만족하고 무엇에 불만을 가지는지 잘 느끼지 못한다.

고객의 만족과 불만족이 명확하게 겉으로 드러나기 어렵다 보니 기업뿐 아니라 국가도 어떻게 하면 이를 발견할 수 있을까에 많은 관심을 기울인다. 그래서 고객의 만족도 조사를 실시한다. 예를 들어 중국의 국제공항에서는 입국자 만족도를 조사한다. 비행기에서 승객이 내리면 가장 먼저 입국심사를 한다. 승객은 심사관이 앉아 있는 심사대 앞에 가서 여권을 제출하고 입국심사를 기다린다. 심사가 끝나면 심사대 위에 있는 작은 램프에 불이 들어오는데 여기에는 다섯 개의 버튼이 있다. 각 버튼은 각각 매우 만족에서 매우 불만족까지를 나타낸다. 승객은 이중에서 하나를 선택해서 자신의 만족도를 표시할 수 있다. 출국자에 대해서도 만족도를 조사하는데 비행기 승객은 출국심사가 끝난 후에 버튼을 눌러서 만족도를 표시한다.

싱가포르 공항에서도 시설물을 이용하는 고객을 대상으로 만족도를 조사한다. 화장실에는 입구 벽에 모니터가 달려 있는데 여기에는 활짝 웃는 얼굴에서 잔뜩 찡그린 얼굴까지 다섯 가지 표정의 얼굴이 있다. 화장실을 이용하고 나오는 사람은 이중에서 어느 한 가지 얼굴을 선택하고 터치한다. 매점에도 이와 같은 모니터가 있다. 만약 어느 고객이 모니터를 보면서 잔뜩 찡그린 얼굴을 선택하면 화면이 변하면서 무엇이 불만인지 묻는 항목이 나온다. 불만의 원인으로는 계산이 잘못되었다거나 매점이 더럽다거나 하는 항목이 있는데 고객은 이중에서 한 가지 항목을 선택한다. 고객이 모니터를 터치해서 직접 선택하게 하는 이 방식은 고객의 만족도와 함께 불만의 원인도 알 수 있다는 점에서 의미가 있다.

물론 이런 방법에는 한계가 있다. 고객이 느끼는 불만 중에는 속으로만 생각하는 것도 있기 마련이다. 기업에 항의할 정도는 아니지만 고객의 마음에는 꺼림칙한 것들이다. 이런 조그마한 불만까지 설문항목에 넣을 수는 없기 때문에 모니터의 항목을 선택하는 방식만으로 고객의 모든 불만을 이해할 수는 없다. 또한 고객의 바로 눈앞에 매점 판매원이 있거나 화장실 청소원이 있다면 잔뜩 찡그린 얼굴을 선택하기는 어려울 것이다. 고객 만족도 조사를 할 때 심한 경우에는 직원이 고객에게 설문지를 주면서 잘 써달라고 부탁하는 경우도 있다. 조사의 목적이 막연하거나 타깃 고객을 대상으로 하지 않은 경우에도 올바른 결론을 얻기 어렵다. 조사방법이나 조사결과의 분석이 틀리는 경우에도 효과가 없다. 열심히 조사했지만 그 결과를 제대로 활용하지 못하는 경우도 많다.

기업이 고객의 불만을 조사하는 목적은 문제를 해결하고 고객의 불만을 없애려는 것이다. 그래서 가능하면 고객의 관점에서 보려고 노력한다. 기업 중에는 '미스터리 쇼퍼'라고 부르는 복면조사를 실시하는 곳도 있다. 미스터리 쇼퍼는 고객을 가장한 조사원이 기업을 방문해 직접 구매하거나 시설을 이용하면서 고객의 관점에서 문제점을 파악하는 조사방법이다. 미스터리 쇼퍼가 호텔 객실을 점검하는 경우도 있는데 최고급 객실에는 체크 포인트가 500개 항목, 일반 객실에는 200개 항목이 있다고 한다. 이 정도의 항목을 직원이 눈치채지 못하도록 일일이 확인하려면 조사원의 수준이 상당히 높아야 할 것이다. 만약 조사원이 좋은 서비스와 나쁜 서비스를 구분할 만한 지식이 없다면 이 조사는 전혀 의미가 없다.

만약 경쟁제품에 대해서 고객들이 어떤 마음을 가지는지 알고 싶다면 어떻게 할까? 우선 기업의 관계자가 경쟁제품의 고객이 되어 스스로 체험해보아야 한다. 그렇지 않으면 고객들이 경쟁제품에 대해서 어떤 만족과 어떤 불만을 가지는지 알 수 없다. 경쟁제품과 자사제품을 구체적으로 비교할 수 없으면 고객의 만족과 불만을 제대로 평가할 수 없다.

닛산에서 2인승 스포츠 카인 제트를 개발할 당시의 이야기다. 카를로스 곤 사장은 포르쉐 911 모델을 스스로 운전하며 타고 다녔다. 그러다가 어느 주말 아침에 교통사고가 났다. 급히 기자들이 곤을 취재하러 가서 인터뷰를 했다. "당신은 위기에 처한 닛산의 경영자인데 왜 다른 기업의 자동차를 타고 다니십니까?" 곤은 이렇게 답했다. "경쟁사의 제품을 알지 못하면서 그 기업을 이기는 제품을 만들 수 있습니까?" 당시 이 인터뷰를 들은 고객들은 혁신적인 제품을 개발하려는 닛산의 집념에 감동했다. 실제로 제트가 개발된 후의 판매가격을 보면 포르쉐911의 절반 이하다. 곤은 자사의 제품보다 가격이 두 배 이상인 제품을 경쟁제품이라고 정한 후에 스스로 경쟁제품을 이용하면서 투지를 불태웠다. 그리고 목표를 실현하기 위해서 스스로 경쟁제품의 고객이 되어 고객의 관점에서 만족과 불만족을 조사했다.

고객을 전문가로 대한다

기업이 고객의 만족과 불만족을 이해하려면 고객을 전문가로 대하는 자세가 필요하다. 기업이 제품을 만드는 전문가라면 고객은 제품을 사용하는 전문가이기 때문이다. 그 두 전문가가 만나 제품에 대한 지식을 나눈다면 서로가 무엇에 만족하고 만족하지 않는지 이해하기 쉽다.

이 발상에 근거해 고객과의 관계를 전문가와의 만남으로 정의하고 실현하는 기업이 있다. 일본의 요시다 가방이다. 이 기업은 1935년 설립되었으며 다양한 종류의 가방을 일본 국내에서 제조한다. 그중에는 수작업으로 만드는 가방도 있다. 이 기업에서는 고객과의 대화를 통해서 고객이 가방을 사용하는 목적을 듣는다. 만약 필요하다면 공장을 견학하게 한다. 공장의 견학통로에는 불량품을 배치하고 불량이 발생한 원인도 적어둔다. 공장에 견학 온 고객이 들고 있는 가방에 혹시 문제가 있으면 작업자는 고객의 가방을 그 자리에서 수선해주기도 한다. 수선할 때에는 가죽원단을 보여주면서 고객과 대화한다. 이런 과정을 통해서 고객은 제품을 어떻게 제조하는지 알 수 있고 기업은 제품을 어떻게 사용하는지 이해하게 된다. 기업과 고객이 서로 상대방에 대한 지식을 쌓아간다면 만족과 불만에 대해서도 이해가 깊어질 것이다.

고객이 무엇에 만족하고 불만을 가지는지는 대부분 현 시점의 고객을 대상으로 조사한다. 어떤 제품이라도 완벽할 수는 없기 때문에 고객이 실제로 제품을 사용하면서 불만을 가지는 경우는 많다. 만약 고객이 불만을 가지는 시기가 제품을 구입한 후 수십 년 혹은 수백 년 후라면 어떨까? 제품을 구입한 고객 본인이 아니라 그 고객의 아들이나 손자가 불만을 가지는 경우다. 기업 중에는 수십 년 혹은 수백 년 후에도 고객이 불만을 가지지 않도록 눈에 보이지 않는 곳까지 최선을 다한다고 말하는 곳이 있다. 콘고구미가 그렇다.

578년 설립된 콘고구미는 세계에서 가장 오래된 일본의 건축 기업이다. 백제인 유중광이 일본으로 건너가서 설립한 기업으로 주로 사찰을 짓거나 보수하는 일을 한다. 특히 못을 사용하지 않고 나무의 결을 이용해 가공하고 조립하는 작업은 타의 추종을 불허한다. 일본에서 가장 오래된 관사(官寺)인 시텐노지도 콘고구미의 작품이다. 콘고구미에서 가장 중요한 것은 기술의 전승이다. 사찰의 주재료는 나무인데 완전히 똑같은 나무는 하나도 없기 때문에 작업하는 과정을 도면이나 시방서에 모두 다 표현하기가 어렵다. 기술자는 현장에서 자신의 경험과 지식을 최대한 발휘해 작업해야 한다. 사찰의 보수는 짧게는 건축 후 수십 년 길게는 수백 년 후에 이루어진다. 보수작업을 할 때는 신축작업에 참여했던 기술자 중 생존자가 거의 없다.

보수를 하려면 우선 사찰을 분해해야 한다. 지붕을 드러내고 기둥과 서까래를 분해하면 지금까지 겉으로는 보이지 않던 부분도 드러나게 된다. 만약 수백 년 전에 작업했던 기술자가 겉으로 보이지 않는 부분이라고 해서 대충 마무리했다면 그 부실함이 후대에 고스란히 드러난다. 이런 상황을 미리 생각해서 현재의 기술자는 수백 년 후의 기술자에게 부끄럽지 않도록 심혈을 기울여 작업한다. 겉으로 보이지 않는 부분이란 관람객의 관점이다. 만약 수백 년 후의 기술자의 관점에서 본다면 보이지 않는 부분이란 없다. 천년 넘게 생존하고 있는 기업은 기술자 역시 수백 년 앞을 내다보는 것 같다.

콘고구미에서 기술의 전승은 평소에 미야다이쿠라고 불리는 궁목수[宮大工]를 중심으로 도제식으로 이루어진다. 궁목수란 사찰의 건축과 보수를 전문으로 하는 목수를 말한다. 콘고구미에는 110명의 궁목수가 있는데 이들이 8개의 그룹으로 나뉘어 전국의 건축현장에서 사찰의 건축이나 대형 목조 건축물의 신축과 보수공사를 담당한다. 각 그룹은 그 자체가 독립적인 법인이며 대목수인 도료(棟梁)가 사장이다. 이들은 콘고구미와 위탁계약을 맺고 있지는 않지만 콘고구미 이외의 기업과는 일하지 않는다. 이러한 신뢰관계는 과거부터 이어져오는 특수한 협력 형태다.

설문조사의 장점을 최대한 활용한다

고객의 불만은 요구에 대한 반증이다. 원하는 것을 제품이 만족시켜주지 못해 불만이 생기는 것이다. 만약 고객의 마음속에 숨어 있는 만족과 불만을 명확하게 알아낼 수 있다면 기업은 이를 바탕으로 고객이 좋아하는 제품을 개발할 수 있을 것이다.

대부분의 고객은 마음속으로만 불만을 가지고 있다. 극히 일부의 고객만이 불만을 구체적으로 표현한다. 실제로 기업에 불만을 말하는 고객은 5% 이내이며 나머지 95%는 아무 말 없이 그냥 떠나버린다고 한다.

한 번 떠나간 고객은 다시는 같은 제품을 구입하지 않으며 또 다시 이 기업을 찾지도 않는다. 자료에 의하면 불만을 가진 고객은 평균 8명에게 불만을 말한다고 한다. 20명 이상에게 불만을 말하는 고객도 20%나 있다고 한다. 불만을 들은 사람은 또 다른 사람에게 불만을 퍼트린다. 나쁜 소문일수록 더 넓게 더 빨리 퍼진다. 나쁜 소문이 무서운 이유다. 고객 한 명이 불만을 퍼트리면 20명의 고객이 떠나간다고 생각해야 한다.

고객의 만족과 불만을 이해하기 위한 조사는 대부분 설문조사 형식으로 진행된다. 설문조사는 비교적 적은 비용으로 쉽게 실행할 수 있기 때문에 많은 기업이 선호한다. 네기시 푸드의 사례도 많은 시사점을 제공한다. 이 기업은 1981년에 설립된 우설요리 전문 체인점으로 현재 일본에서 34개 점포를 운영하고 있다. 이 기업에서는 고객 설문조사를 적극적으로 실시한다. 설문지는 우편엽서로 되어 있기 때문에 언제라도 우체통에 넣으면 된다.

설문지는 다음과 같이 구성되어 있다.

1. 언제 어느 매장을 방문해 어떤 메뉴를 드셨나요?

2. 그 메뉴에 대해 만족하셨나요? (매우 만족 5점~매우 불만족 0점)

3. 음식의 맛과 온도는 어땠나요?

4. 음식이 나올 때까지 기다리는 시간에는 만족하셨나요?

5. 직원이 친절하게 안내하고 친절하게 돈을 받았나요?

6. 직원이 건강한 모습과 웃는 얼굴로 대응했나요?

7. 매장은 청결했나요?

8. 직원의 태도에서 배려나 친절함을 느꼈나요?

9. 얼마나 자주 식사하러 오시나요?

10. 다시 오실 건가요?

11. 자주 가는 식당은 어디인가요?

12. 의견이나 희망사항이 있으면 적어주세요.

네기시의 설문지에 답을 하고 우편으로 보내주는 고객은 전체 고객의 약 5%라고 한다. 이는 외식업계에서는 매우 큰 숫자다. 대부분의 경우 고객의 응답률은 1% 정도에 머문다. 설문조사를 바탕으로 고객이 만족하는 서비스를 제공하기 위해서 직원은 먼저 친절의 형식을 몸에 익힌다. 그것은 관찰, 소통, 행동이라는 형태로 표현된다. 고객의 행동을 관찰할 때는 고객과 일정한 거리를 유지한다. 고객과 소통할 때는 낮은 목소리로 하는데 이는 해당 고객의 사생활을 보호하기 위해서다. 고객을 상대로 행동할 때는 절도 있게 한다.

어떤 기업에서나 고객에게 친절하게 대한다고 말한다. 직원도 친절하게 행동하려고 마음먹는다. 그런데 현실적으로는 그렇지 못하다. 친절은 마음만으로는 되지 않는다. 친절에는 기술이 필요하다. 직원은 설문조사를 바탕으로 새로운 제품을 기획하고 실행하며 그 결과를 평가한다. 이런 방식으로 하면 시간이 많이 걸린다. 그래서 많은 기업에서는 매뉴얼을 만들고 직원에게 매뉴얼대로 하라고 지시한다.

네기시에서는 직원이 스스로 성장해야 한다는 기업 이념에 따라 설문조사와 행동관찰을 직원이 주도적으로 실행하도록 장려한다. 일의 주도권을 가진 직원은 그 일을 즐겁게 할 수 있다. 네기시의 체인점은 1년에 1점포의 속도로 늘어나고 있다. 이는 업계의 상식으로 보면 매우 느린 속도다. 그러나 경영자가 생각하는 시간의 축이 길기 때문에 매장이 늘어나는 속도는 전혀 문제가 되지 않는다.

설문조사에는 함정이 있다

설문조사를 할 때는 그것이 가진 한계를 이해해야 한다. 가장 근본적인 한계는 조사에 성실하게 대답해주는 고객이 드물다는 점이다. 대부분의 고객은 설문조사에 답하는 것을 꺼려하며 답을 하더라도 당시의 기분에 크게 좌우된다. 고객이 평소에 이런 것이 필요하다거나 이런 것이 문제라고 말하던 것과 설문조사에서 글로 적는 내용은 다르다. 고객은 겉과 속이 전혀 다르다고 보아야 한다. 무엇보다 기업이 염두에 두어야 할 것은 고객이 설문조사에 성실하게 답을 적어준다고 하더라도 기업이나 제품을 크게 비난하는 내용은 거의 없다는 점이다.

예를 들어 비행기로 여행을 하다 보면 승무원이 와서 설문조사에 협력해달라고 요청하는 경우가 있다. 이때 승객들은 거절하기 어려워 설문조사에 응하게 되고 대부분의 항목에 좋은 점수를 준다. 설문지를 작성한 사람이 누구인지 알아챌 것 같아 정말 불만을 느끼는 부분은 쓰지 못한다. 그러므로 고객이 설문조사에 답하는 내용은 의례적인 인사말에 불과할 수도 있다. 만약 항공사에서 설문조사를 바탕으로 고객이 항공사의 서비스에 대체로 만족한다고 생각한다면 이는 커다란 오해다. 이코노미 좌석을 이용하는 고객이 가진 불만은 그저 좌석 간 거리가 좁다는 정도라고 이해하면 곤란하다. 설문조사에 답을 하면 작은 사은품을 주는 경우 그것을 받기 위해 설문에 응하는 사람도 있다. 물론 답변은 거의 칭찬에 가깝다.

숫자는 적지만 기업의 설문조사에 나름대로 성실하게 답을 해주는 고객도 있다. 친절하게 자신의 의견까지 적는 고객이다. 이런 고객에게도 불만은 있다. 바로 불만사항을 아무리 적어도 제품에는 전혀 반영되지 않는다는 점이다. 어차피 반영하지도 않을 거면서 설문조사를 왜 하는지 모르겠다고 불평하면서 기업이 너무 성의가 없다고 생각한다. 고객의 불만을 알기 위한 설문조사가 오히려 고객의 불만을 상기시켜준 셈이다.

설문조사의 또 한 가지 한계는 고객이 모르는 내용에 대해서는 답하지 못한다는 점이다. 만약 어떤 제품에 대해 추가로 필요한 기능이 무엇인지 조사하는 설문이라면 고객이 그 제품을 알고 있다는 것이 전제되어야 한다. 동시에 그 제품을 이용하는 구체적인 목적도 있어야 한다. 구체적인 목적이 없으면 어떤 제품에 어떤 기능이 필요한지에는 당연히 관심조차 없다. 이런 고객에게 어떤 기능을 원하는지 알려달라는 것은 무의미한 일이다. 만약 고객이 일상적으로 사용하고 있으며 잘 알고 있는 제품에 대해 만족이나 불만족을 물어보면 쉽게 답해줄 것이다. 대부분의 고객은 여러 가지 불만을 말하는데 이는 평소에 마음속에 가지고 있던 생각을 표현한 것이다. 그런데 전혀 모르는 제품에 대해서 물어본다면 무슨 말을 할 수 있을까?

이처럼 한계가 있음에도 불구하고 기업이 설문조사를 애용하는 이유는 조사의 효과 때문이다. 설문조사의 직접적인 효과는 고객이 만족하는 부분과 불만을 가진 부분을 어느 정도 이해하는 것이다. 부수적인 효과 중에는 설문에 답하는 과정을 통해서 고객이 기업을 기억하도록 하는 것도 있다. 설문에 답하는 내용 중에는 불만보다 칭찬하는 내용이 더 많다. 남을 칭찬하면 스스로도 좋은 기분이 들기 때문이다.

설문조사에서 만약 고객이 불만을 제대로 적어준다면 이는 기업이 혁신적인 제품을 개발하는 데 큰 도움이 될 것이다. 그래서 설문조사에서는 특정 제품에 대해서만 묻는 것이 아니라 좀 더 폭넓게 묻는 것이 좋다. 예를 들어 특정한 제품을 구입한 고객에게 설문조사를 한다면 다음과 같은 항목을 물어볼 수 있다.

"이번에 구입한 제품에서 만족스러운 점은 무엇인가? 불만족스러운 점은 무엇인가? 이런 종류의 제품에 대해서 불만은 무엇인가? 이 제품을 구입할 때 어떤 제품과 비교했는가? 이 제품을 구입할 때 다른 종류의 제품을 검토했는가? 이 제품을 주변에 소개할 마음은 있는가?"

만약 고객이 이 제품을 구입하기 전에 전혀 다른 종류의 제품을 검토했다면 이를 통해서 실제 경쟁제품이 무엇인지 알 수 있다. 예를 들어 도시에서 생활하는 고객이 데이트 장소로 수족관과 백화점을 비교했다거나 점심식사를 하기 위해서 덮밥 식당과 편의점 도시락을 비교했다면 지금까지 기업이 알지 못하던 경쟁제품이 드러나게 된다.

설문조사에서 나타난 고객의 불만을 이해하고 제품을 개선해도 기업의 실적이 오르지 않는 경우도 많다. 이때는 설문에 답한 고객이 누구인가를 생각해보아야 한다. 매일 오는 단골고객과 어쩌다 한 번 온 일회성 고객이 같은 불만을 가질 리 없다. 그러므로 설문조사의 결과를 반영하는 경우에는 단골고객의 의견을 먼저 살펴봐야 한다. 단순히 많은 의견이 나왔다고 해서 먼저 반영하는 것도 바람직하지 않다. 왜 이런 의견이 많이 나왔는지 의견 뒤에 숨어 있는 본질을 파악해야 한다. 예를 들어 고객에게 제품의 가격이 적당한지 물어본다면 대부분의 고객은 가격이 높다고 답할 것이다. 그렇다고 해서 즉시 제품의 가격을 낮춰야 할까? 그렇지 않다. 가격을 낮추는 것도 한 가지 방법이지만 본질이 무엇인지 알지 못한 채 가격을 낮추면 큰 효과가 없다. 가격이 높다고 생각하는 배경에는 다른 요인이 존재할 가능성이 있기 때문이다. 만약 매장의 분위기가 나쁘거나 직원의 태도가 불량하다고 생각한다면 고객들은 자연스럽게 가격이 상대적으로 높다고 느낀다. 그렇다면 가격을 낮추기 전에 먼저 매장의 분위기를 바꾸고 직원을 교육해야 한다. 설문조사로 고객의 불만을 듣는 것도 중요하지만 고객의 답을 표면적이고 형식적으로만 파악한다면 실질적인 개선으로 이어지기는 어렵다.

설문조사의 목적이 의심스러운 경우도 있다. 직원이 고객을 방문해 제품을 수리하거나 요청을 들어주기도 하는데 이들은 수리가 끝나면 반드시 고객에게 설문조사를 부탁한다. 그런데 고객이 설문지에 100점을 주지 않으면 직원은 급여나 인사에 크게 불이익을 당한다고 알려져 있다. 고객의 평가가 99점이라도 직원의 급여가 줄어든다는 것이다. 이 사실을 고객도 알고 있다. 이런 상황이라면 아무리 설문조사를 열심히 해도 고객은 자신의 본심을 말하지 않는다. 아니 제대로 말하지 못한다는 표현이 더 맞을지도 모르겠다. 대부분의 설문조사는 기업에 중요할 뿐이지 고객은 의례적인 절차쯤으로 여긴다. 따라서 자신이 무엇을 싫어하는지 말하지 않는다. 직원이 크게 불이익을 당할 수 있는 상황이라면 직원과 기업에 대한 고객의 평가가 객관적이고 합리적으로 이루어질 리 없다. 이는 설문조사에서 나타난 고객의 평가를 바탕으로 직원의 업무수준을 높이려는 수단이라기보다 직원을 통제하고 제어하기 위한 시도라고밖에 볼 수 없다.

마음을 알려면 행동을 관찰하라

설문조사만으로는 고객의 만족과 불만을 충분히 알기 어렵다. 그래서 행동관찰과 함께 하면 설문조사의 효과를 높일 수 있다. 설문조사와 행동관찰을 진행하는 주체는 직원이다. 행동관찰은 평소에 누구나 유용하게 활용할 수 있다. 상대방의 작은 움직임을 관찰하면 행동의 의미를 알 수 있기 때문이다. 직장 동료들과 함께 식사하는 도중에 한 사람이 갑자기 고개를 들고 주위를 둘러본다면 휴지를 찾는지 물어본다. 전화를 받고 있는 도중에 주위를 돌아본다면 볼펜과 메모지를 원하는지 물어본다.

고객의 행동을 관찰하려면 먼저 밖으로 나가서 행인들이 그 매장의 입구를 어떤 식으로 쳐다보는지, 매장 안으로 들어올 때는 어떻게 행동하는지, 매장에 들어온 다음에는 어떤 제품을 보거나 손으로 만져보는지 관찰한다. 또 안내문은 어떤 자세로 얼마나 자세히 읽어보는지, 제품을 손으로 만져보고 되돌려놓는 경우에는 원래 있던 장소에 놓는지도 관찰한다.

고객의 행동을 보면 구매의욕이 얼마나 강한지도 알 수 있다. 구입할 제품을 정하고 온 고객은 걷는 속도가 빠르다. 구매의욕이 강한 고객은 사고 싶은 제품을 정면에서 똑바로 보면서 빠르게 걷는다. 그러다가 마음에 드는 제품이 있으면 주변을 쳐다보면서 직원을 찾는다. 구매의욕 없이 구경만 하는 고객은 제품을 제대로 쳐다보지 않으며 천천히 걷는다. 직원과는 눈을 마주치려고 하지 않는다.

직원은 고객의 움직임을 보면서 고객의 다음 행동을 예측할 수 있다. 고객의 행동을 관찰하면 판매대와 통로의 관계도 알 수 있다. 고객이 어떤 안내문을 보는지 어떤 경로로 이동하는지, 여러 명이 함께 왔다면 그중에서 제품 구입을 결정하는 사람은 누구인지, 구입할 때까지 시간이 얼마나 걸리는지, 구입을 망설이게 하는 것은 무엇인지 알 수 있다.

고객의 행동을 관찰할 때는 접객을 맡은 동료 직원의 행동도 함께 관찰해야 한다. 고객의 행동은 직원의 행동에서 영향을 받기 때문이다. 제품을 보고 있는데 직원이 곁에 오면 즉시 그곳을 떠나는 고객도 있다. 직원의 존재감이 마치 제품을 구입하라는 압력처럼 느껴지기 때문이다. 그러나 고객의 행동이 전혀 다른 경우도 있다. 고객이 제품을 보고 있는데도 불구하고 직원이 얼른 고객의 곁으로 다가오지 않으면 고객은 구입을 포기하고 매장을 떠난다. 접객 태도가 나쁘다고 생각하기 때문이다.

한 사람의 행동은 다른 사람의 행동과 연결되어 이루어지기도 한다. 그러므로 관련자의 행동을 함께 관찰할 수 있으면 행동의 의미를 더욱 상세하게 이해할 수 있다. 직원과 고객의 행동을 관련지어 관찰할 경우 직원이 말을 건 고객, 직원에게 말을 건 고객, 직원이 전혀 말을 걸지 않은 고객을 구분해 각 고객이 얼마나 상품을 구입했는지 파악하는 식이다.

고객의 특성이 워낙 다양하기 때문에 기업에서 일률적으로 접객 매뉴얼을 정하기는 어렵다. 매장에서 직원은 고객에게 다가가서 말을 걸기 전에 먼저 조금 떨어진 곳에서 고객을 관찰하는 것이 좋다. 축구에서는 상대방이 가진 공을 빼앗으려면 공이 아니라 상대방의 움직임을 보라고 한다. 상대방의 다음 동작을 예측하면 공을 쉽게 뺏을 수 있기 때문이다. 직원과 고객의 관계도 마찬가지다. 만약 고객이 순간적으로 인상을 쓰거나 말을 흐리게 하는 등의 행동을 하면 곁으로 다가가지 않는 것이 좋다.

고객의 행동을 관찰한 결과는 제품의 진열방식에 적용할 수 있다. 예를 들어 세탁기의 진열도 그렇다. 한 사람의 고객이 평생 동안 세탁기를 구입하는 횟수는 얼마나 될까? 일반적인 고객이라면 아마 평생 동안 서너 번 정도 구입할 것이다. 게다가 자신이 매일 사용하는 세탁기라도 막상 매장에 가서 새 제품을 구입하려면 제품의 사양을 잘 모른다. 세탁기의 크기나 용량을 숫자로 표현해도 고객은 이해하기 어렵다. 이때 세탁기 옆에 실제로 세탁할 수 있는 의류나 이불을 그대로 쌓아두면 어떨까? 고객이 세탁기 용량을 이해하기 쉬울 것이다.

이처럼 매장에서는 고객이 가정에서 실제로 제품을 이용하는 상황을 연출해놓는다. 그러면 많은 고객들이 세탁기에 관심을 나타내고 이어서 커버를 열어본다. 고객이 커버를 열어보는 순간이 바로 직원이 고객에게 다가가 말을 걸어야 하는 시점이다.

고객의 행동을 관찰하고 그 결과를 제품에 반영하기도 한다. 일본의 가스 공급회사인 오사카가스에서는 주부가 가스레인지를 이용하는 상황을 관찰하다가 재미있는 사실을 발견했다. 주부들이 대부분 가스레인지에 그릇을 올리고 가스 불을 켜면 가스 불이 얼마나 세게 나오는지 확인하기 위해 고개를 옆으로 숙여서 그릇과 가스 화구 사이를 살펴본다는 점이다. 고객의 이런 행동을 바탕으로 오사카가스는 새로운 가스레인지에 삭은 서울을 부착했다. 고개를 숙이지 않고도 거울을 통해 화구를 볼 수 있게 한 것이다.

고객의 행동을 관찰해 대기시간을 크게 줄이고 혼잡상황을 해결한 사례도 있다. 일본 미에현에 있는 토바 수족관이 그런 경우다. 고객은 입장해서 제일 처음 보게 되는 수조 앞에서 가장 많은 시간을 보낸다. 갑자기 눈앞에 대형 수족관이 있으면 누구나 놀라서 집중하기 마련이다. 문제는 입구 근처가 항상 혼잡하다는 것이다. 조금만 안으로 들어가도 여유가 있는데 고객이 입구에만 몰려 있기 때문에 다음 고객이 들어오기 어렵다. 토바 수족관은 이 문제를 해결하기 위해 수족관 프로듀서인 나카무라 하지메에게 의뢰했다.

나카무라는 먼저 고객의 행동을 관찰한 후 수족관의 구조와 비교했다. 입구 근처가 아무리 혼잡해도 대형 수족관을 이동할 수는 없다. 그는 대형 수족관 앞에 커다란 공간을 만들었다. 입구와 가까운 곳에 여유 공간이 생기니까 고객이 일시적으로 많이 모여도 큰 혼잡은 피할 수 있게 되었다. 이와 동시에 이동통로를 알기 쉽게 구분했다. 고객들 중에는 수조 바로 앞에까지 다가가 오랫동안 자세히 들여다보는 사람이 있는가 하면 통로를 걸어가면서 수조에는 가벼운 눈길만 주는 사람도 있다. 만약 이동통로가 하나밖에 없다면 이 둘이 엉켜서 서로에게 방해가 된다. 토바 수족관에서는 나카무라의 제안대로 관찰자와 통행자를 구분하기 위해 수조 앞의 통로를 계단식으로 바꾸었다. 수조 바로 앞에는 가장 낮은 통로가 있는데 여기에 모인 고객들은 오랫동안 서서 관찰한다. 수조에서 조금 멀어지면 두 계단 정도 올라간 통로가 있다. 여기는 통행하는 고객이 이용한다.

행동관찰연구소라는 기관에서는 고객의 행동을 관찰해 고객이 무엇을 원하는지 혹은 무엇을 원하지 않는지 분석한다. 예를 들어 은행의 자동인출기 앞에 줄서 있는 고객의 행동을 관찰해 시간, 두뇌, 환경, 운용의 측면에서 분석한다.

행동관찰과 설문조사는 고객의 눈물을 알기 위한 노력이다. 그러나 아무리 기업이 노력해도 이것만으로는 고객의 눈물을 파악하기 어렵다. 기업으로서는 고객과 지속적으로 소통하는 것이 고객의 눈물을 이해하는 최선의 방법이다.

소통하는 기업이 새로운 기회를 얻는다

고객과 기업은 관점이 다르다

같은 상황을 대하더라도 고객과 기업이 바라보는 관점은 전혀 다르다. 마치 컵에 물이 절반 남아 있는 것을 바라보면서 물이 반이나 있다고 생각하는 것과 물이 반밖에 없다고 생각하는 것과 같다. 따라서 고객의 관점에서 상황을 볼 수 있어야 한다.

마트의 계산대에서 이런 상황이 자주 발생한다. 고객들이 계산대 앞에 길게 줄을 서서 기다리고 있는데 마침 한 고객이 서 있는 옆으로 새로운 계산대가 하나 더 열렸다. 고객이 그곳으로 가려는 찰나 뒤에 서 있던 사람이 뛰어가서 새로운 계산대 앞에 줄을 섰다. 왜 앞에 서 있던 고객을 제치고 뒤에 서 있던 사람에게 더 빨리 계산하는 기회를 주는 걸까? 앞에 있던 고객이 운이 없는 걸까? 아니다. 이는 명백히 마트측의 잘못이다. 왜냐하면 사실상 새치기를 조장한 것이기 때문이다.

이때는 대기하고 있는 고객 중에서 가장 앞에 있는 고객부터 안내해야 한다. 뒷줄에 서 있던 고객이 뛰어와서 맨 앞에 서게 하면 안 된다. 다른 고객은 자신이 부당한 대우를 받았다고 느낄 것이다. 대형 마트에서는 소량 구매한 고객은 별도의 계산대로 유도하기도 하는데 여기서 대량 구매한 고객을 받으면 고객의 불만이 생긴다.

계산과정에서도 고객의 불만이 생기기 쉽다. 이를 방지하려면 고객이 현금을 내면 얼마를 받았다고 복창한다. 거스름돈을 줄 때는 고객의 눈앞에서 금액을 확인한다. 이때 반드시 두 손으로 직접 고객의 손 위에 올려준다. 잔돈을 던져주었다는 불만도 많기 때문이다. 카드를 받았으면 카드를 받았다고 말한다. 카드는 영수증과 함께 돌려준다.

위와 같은 문제가 발생하는 원인은 기업과 고객이 가진 목적과 관점이 서로 다르기 때문이다. 고객이 길게 줄을 서서 기다리고 있을 경우 기업은 대기행렬을 빨리 해소하려는 목적으로 새로운 계산대를 연다. 그들의 관점은 전체 고객의 총 대기시간을 짧게 하는 것이다. 그러나 고객의 목적은 빨리 계산하고 이 자리를 벗어나는 것이고 그들이 보는 관점은 자신의 대기시간이 짧아지는 것이다. 적어도 자신이 피해를 보아서는 안 된다고 생각한다. 만약 자신 뒤에 서 있던 사람이 새롭게 열린 계산대로 가서 자신보다 빨리 계산한다면 자신의 대기시간은 변동이 없고 뒷사람의 대기시간이 짧아진 것이다. 사실상 피해를 본 것은 없지만 대부분의 고객은 이런 상황에서 자신이 피해를 본 것이라고 여긴다. 새로운 계산대를 여는 목적은 고객과 기업이 같더라도 이를 바라보는 관점은 서로 다르다. 그러다 보니 계산대 하나 새로 여는 것에도 불만이 생기기 쉽다.

고객이 기업에서 멀어지는 이유 중에는 제품에 대한 불만보다 기업의 대응에 대한 불만이 더 많다. 계산대 하나를 새로 여는 것에도 철저하게 고객의 관점이 반영되어야 한다. 모든 고객을 공평하게 대하려면 모든 계산대 앞에 고객들이 각각 줄을 서서 기다리는 것보다 모든 고객이 한곳에 모여서 일렬로 줄을 서 있다가 순서대로 비어 있는 계산대로 가는 방식이 바람직하다. 고객은 자신의 순서를 중요하게 여긴다. 순서가 어긋나는 문제는 사람들이 많이 모이는 곳이라면 어디서나 생기는 불만요인이다. 공중 화장실이나 은행 ATM처럼 많은 사람들이 줄을 서서 기다리는 곳에는 바닥에 신발 모양을 그리고 기다리는 지점을 안내하는 것도 좋은 방법이다. 줄을 서는 위치를 지정함으로써 고객의 불만을 사전에 없애는 것이다.

고객이 줄을 서서 지키는 순서를 오히려 기업에서 무시하는 경우도 있다. 은행을 방문한 어느 고객의 불만이다. 시간을 내어 은행에 갔더니 기다리는 사람이 많았다. 이 고객도 번호표를 뽑고 30분 이상 기다리다가 겨우 차례가 되어서 창구에 앉았다. 용건을 말하고 있는데 창구에 있는 전화기가 울렸다. 직원은 고객에게 양해도 구하지 않고 수화기를 들었고 수화기 건너편에 있는 고객과 대화를 하면서 그 고객의 업무를 처리했다.

전화로 업무를 보는 고객은 창구에 앉아 있는 고객의 순서를 새치기한 것과 같다. 왜 창구 직원은 다른 고객의 새치기를 용인하는 걸까? 창구에서는 눈앞에 있는 고객에게 집중해야 한다. 기본적으로 다른 전화를 받으면 안 된다. 만약 어쩔 수 없이 전화를 받더라도 지금 고객과 상담 중이니 언제 다시 전화를 하라며 시간약속을 해야 한다. 게다가 창구 직원이 전화를 하며 자신의 업무를 처리하는 경우 고객들은 불안을 느낀다. 직원이 실수할 것 같기 때문이다.

고객은 자신이 손해를 본다는 생각이 들면 참지 못한다. 이익을 보는 것보다 더 중요한 것은 손해를 보지 않는 것이다. 기업이 이런 상황을 방치하면 고객끼리 분쟁이 생기기도 한다. 많은 여행객으로 붐비는 공항. 어느 항공사 카운터 앞에 많은 사람들이 길게 줄을 서서 자신의 차례를 기다리고 있었다. 늦게 도착한 한 고객이 긴 줄을 보더니 곧장 맨 앞에서 기다리는 고객에게 다가갔다. 그러고는 자신이 너무 바쁘니 먼저 체크인 수속을 해도 좋겠냐고 양해를 구했다. 맨 앞에 서 있던 고객은 그렇게 하라고 승낙했다. 가장 늦게 온 고객이 가장 앞에 선 것이다. 이런 광경을 뒤에서 보고 있던 고객이 이들에게 다가가서 제일 앞에 서 있던 고객에게 이렇게 말했다. "당신이 무슨 자격으로 늦게 온 사람을 가장 앞에 세웁니까? 오랫동안 줄을 서서 기다리고 있는 사람들이 보이지 않습니까? 만약 늦게 온 사람을 제일 앞에 세우려면 그 대신 당신이 제일 뒤로 가세요." 만약 늦게 온 사람이 정말 급한 상황이라면 가장 앞에 서 있는 고객에게 순서를 바꿔달라고 부탁할 게 아니라 항공사에 직접 설명해야 한다. 이것은 줄을 서서 기다리고 있는 고객의 관점과 많은 고객을 처리해야 하는 항공사의 관점이 달라서 생기는 문제다.

고객 사이에 불만이 생기면 기업이 조정해야 한다. 기업의 고객이 아닌 경우에는 제3의 기관이 조정하는 것이 좋다. 예를 들어 오래된 아파트에는 대부분 주차장이 부족하다. 주민들은 늦게 귀가하면 주차할 곳이 없어서 이중 삼중으로 주차하기도 한다. 그러다 보니 장애인 주차구역에도 항상 누군가 주차하고 있다. 어느 날 장애인 주차구역에 주차하고 있는 차를 보니 장애인이 아닌 운전자가 차에서 내리고 있었다. 주민이 다가가서 그 운전자에게 왜 이곳에 주차하느냐고 따졌더니 오히려 그 사람은 주차할 곳이 없어서 주차했으며 10분만 있다가 나갈 건데 왜 남의 일에 참견하느냐고 화를 낸다. 주차장에 대해서는 주민이나 방문객이나 모두 불만이다. 이런 경우에는 관리사무소를 통한 공식적인 대응과 함께 모든 주민이 의논해서 해결방법을 찾아야 한다. 지정 주차장을 유료로 배정하는 것도 고려할 수 있다. 중요한 것은 고객 개개인의 관점을 이해해야 한다는 점이다.

고객차별이 아닌 고객구분으로 불만을 해소한다

일주일에 세 번은 가는 단골 식당이 있다. 식당에서도 나를 알고 많이 배려해준다. 메뉴에 없는 반찬을 더 주기도 하고 어떤 때는 값을 할인해주기도 한다. 그래서 동료들도 그 식당에 갈 때는 나와 함께 가려고 한다. 그런데 내가 함께 가지 않으면 동료들은 그 식당에 가려고 하지 않는다. 내가 없으면 추가로 주는 것이 없는데 이것이 묘하게 차별을 느끼게 한다는 것이다. 모든 고객은 차별 받기 싫어한다. 이 식당에서는 다른 고객을 차별하는 것이 아니라 단골인 나를 배려해주는 것인데 왜 다른 사람들은 차별이라고 생각할까?

또 다른 사례가 있다. 우리 동네에 있는 마트는 폐점할 시간에 가면 채소가격을 크게 할인해준다. 어떤 때는 채소를 공짜로 주기도 한다. 그래서 나는 주로 저녁에 가서 장을 본다. 그런데 어떤 날은 일부러 저녁시간까지 기다렸다가 폐점시간에 맞춰 갔는데도 남아 있는 채소를 공짜로 주지 않았다. 가격으로 따지면 적은 금액이지만 공짜로 받지 못하면 많이 섭섭하다. 심지어 화가 나기도 한다. 일부러 시간을 맞춰 기다렸다 갔는데 왠지 손해를 보는 것 같다.

기업에서는 단골고객을 우대한다. 그러나 다른 고객 입장에서 보면 이는 명백한 고객차별이다. 같은 고객이라도 어느 날은 차별을 느낀다. 기업이 고객을 차별하는 것은 나쁘다. 많은 고객이 불만을 가지는 원인이 되기 때문이다. 그래서 기업은 모든 고객을 공평하게 대한다고 말한다. 그러나 입장에 따라서는 다르게 해석할 수도 있다. 모든 고객을 공평하게 대한다는 것은 모든 고객을 차별하는 것이 될 수 있다. 단골고객과 어쩌다 한 번 온 고객을 공평하게 대하는 것은 단골고객의 관점에서는 차별하는 것이다. 기업은 고객을 차별하는 것이 아니라 구분해야 한다. 고객을 구분하는 마케팅 방법을 이용해서 제품으로 판매하는 기업이 있다. 바로 일본의 에이벡스 스포츠다.

이 기업은 2015년부터 아트레트 클럽(Athlete club)이라는 브랜드로 유료 SNS 회원제도를 판매하고 있다. 운동선수는 유료로 페이스북 사이트를 개설한다. 만약 이 선수와 소통하려면 회비를 내고 유료회원으로 가입해야 한다.

요즘은 많은 운동선수들이 페이스북이나 트위터를 이용해서 팬과 네트워크를 만들고 소통한다. 소통하는 내용은 누구에게 말해도 좋을 정도의 가벼운 것들이다. 특정한 일부 팬에게만 필요하거나 전문적인 내용은 거의 없다. 대부분의 팬은 그저 선수가 좋을 뿐이지 그 선수가 가진 기술에는 관심이 없다. 그러나 팬 중에는 앞으로 프로 운동선수를 목표로 하는 사람도 있다. 이런 사람은 단순한 이야깃거리가 아니라 운동에 대한 전문적인 대화를 원한다. 운동선수의 입장에서는 자연히 이런 사람에게 관심이 갈 것이다. 그렇다고 해서 만약 운동선수가 일부 팬에게만 친밀하게 대한다면 다른 팬이 차별을 느낄 수 있다. 차별을 느낀 팬은 운동선수에게 배신감을 느끼게 된다. 그러다 보니 소통한다는 미명하에 중상비방이나 모욕적인 발언도 서슴지 않는다. 이처럼 운동선수와 팬이 개인적으로 페이스북이나 트위터를 통해 소통하면 서로가 불만을 느끼기 쉽다.

에이벡스 스포츠는 고객차별이 아니라 고객구분에 착안해 새로운 제품을 개발했다. 페이스북의 친구 맺기를 유료로 판매하는 것이다. 2015년에는 메이저 리그에서 활약하고 있는 다르비슈 투수를 포함해 13명의 선수와 1개의 단체가 유료 페이지를 개설했는데 회원이 내는 회비는 선수가 정한다. 대부분의 선수는 회비를 매월 10만 원 정도로 정하고 있다. 선수가 제공하는 내용은 다양한데 예를 들어 훈련과정을 담은 영상이나 병원에서 진단받은 내용도 있고 기술에 관한 매우 전문적인 내용도 있다.

유료 프로그램 중에는 프로야구 선수 출신의 야구평론가가 개설한 것도 있다. 이 프로그램에 가입하려면 매월 100만 원을 내야 한다. 회원 수는 최대 두 사람으로 한정한다. 두 사람의 회원과 소통하고 공유하는 내용은 다른 프로그램보다 깊이가 있다. 만약 회원이 인생의 어려운 시기를 보내고 있다면 직접 만나서 대화하면서 이야기를 들어주고 용기를 준다. 인터넷에서 이루어지는 페이스북에 더해서 실제로 만나고 대화하면서 소통한다. 이러한 소통은 고객을 구분하기 때문에 가능하다.

고객에게 직접 묻는 게 최선이다

기업은 고객을 만족시킨다고 말한다. 그러나 이런 발상은 위험하다. 기업이 고객보다 높은 위치에 있다는 전제가 깔려 있기 때문이다. 그렇게 주장하는 기업일수록 고객을 만족시키기는커녕 불만을 사는 경우가 더 많다. 만약 고객이 기업에 불만을 가진다면 기업으로서는 고객을 만족시키겠다고 말하지 말고 차라리 고객에게 기회를 달라고 호소하는 것이 낫다. 고객이 기회를 만들어주기 때문이다.

좋은 사례가 있다. 1985년 설립되어 몇 개의 체인점을 운영하고 있는 일본의 후쿠시마야라는 마트다. 이 마트는 초기에 좋은 제품을 싸게 파는 데 주력했다. 고객이 원하는 것이 무엇인지 생각하고 고객을 만족시키기 위한 제품으로 매장을 가득 채웠다. 고객이 원하는 제품을 선정하고 판매하는 것은 고객 입장에서는 지극히 당연하지만 기업 입장에서는 가장 어려운 작업이다.

그런데 이 마트를 찾는 고객은 항상 자신이 원하는 제품은 없다며 불만을 호소했다. 마트에서 아무리 노력해도 고객의 불만을 없앨 수는 없었다. 그 결과 계속 매출이 떨어지고 마침내 도산의 위기가 닥쳐왔다. 이 마트에서 마지막으로 선택한 방법은 고객에게 직접 물어보는 것이었다. 지역의 주부를 중심으로 팀을 만든 후에 마트에 어떤 제품을 갖다두면 좋을지 정해달라고 했다. 대부분의 마트에는 어떤 제품을 들여올지 정하는 직원이 있다. 이 직원의 역할을 고객에게 위임한 것이다. 주부 팀의 활동은 매우 간단했다. 우선 자신이 원하는 제품의 종류와 포장단위를 마트에 전했다. 채소라면 그 지역에서 생산한 것을 중심으로 소량판매가 가능하게 했다. 외지에 좋은 제품이 있으면 이를 소개했다. 안전이 중요한 식품이라면 주부들이 원산지와 재료를 확인하고 안전등급을 3단계로 구분해 판매하도록 했다. 이 정보를 매장 내에 공개해 모든 고객이 알 수 있게 했다. 고객은 안전이 보장된 식품이라면 가격이 조금 비싸더라도 구입하기 때문이다.

주부 팀은 마트 한 구석에서 요리강좌도 개최했다. 집에서 직접 요리를 하고 싶지만 마트에 쌓여 있는 재료를 어떻게 요리해야 할지는 모르는 고객이 많다는 데 착안한 것이다. 주부 팀에서는 마트에서 팔고 있는 재료를 사용해 간단하게 요리하는 방법을 보여주었다. 요리강사 역시 생활감각이 강한 주부로 어느 가정에서나 쉽게 할 수 있는 소박하고 평범한 요리를 소개했다. 고객들은 요리강좌를 보고 동일한 재료를 구입했다. 주부 팀의 활동은 고객의 신뢰를 얻었으며 결과적으로 지역에서 가장 효과적인 마케팅 수단이 되었다. 주부 팀은 고객인 동시에 마트의 일원으로서 큰 역할을 해냈다. 이 마트에서 판매하는 도시락도 인기가 있었다. 마트에서 판매하는 재료를 이용해 내부가 훤히 들여다 보이는 주방에서 만들기 때문이다. 이 도시락의 가격이 지역에서 가장 저렴한 것은 아니다. 그러나 고객은 내 눈앞에서 만드는 도시락에 높은 점수를 준다.

후쿠시마야는 자신의 성공체험을 다른 지역의 중소 마트와 나누고 있다. 작은 마트 네트워크라는 모임을 만들었는데 여기에는 30여 기업이 참여해 좋은 제품을 서로 소개하고 성공사례를 공유한다. 어느 지역에 대형 마트가 들어오면 중소 마트는 크게 긴장한다. 대형 마트와 중소 마트가 경쟁하면 중소 마트가 무조건 지는 것은 아니다. 가격경쟁에서 밀릴 뿐이다. 중소 마트는 경쟁 항목을 달리해야 한다. 대형 마트는 낮은 가격을 무기로 내세우기 때문에 대량으로 제조하고 대량으로 구입할 수밖에 없다. 그러면 일정한 수준의 제품밖에 구비할 수 없다. 특정 지역만의 개성을 살리기도 어렵고 지역 고객의 의견을 반영하기도 어렵다. 이에 비해 중소 마트는 지역의 특징을 살려서 지역한정 식품을 판매하거나 차별화된 소재를 구비할 수 있다. 물론 이런 활동에는 정성이 필요하다. 고객의 목소리를 귀기울여 듣고 고객이 원하는 것을 정성을 다해 마련해야 한다. 이와 동시에 고객이 싫어하는 것은 절대로 하지 않아야 한다.

한편 중소 매장과 대형 매장이 서로 윈윈하는 사례도 있다. 야마다전기는 일본 가전제품 판매업계 최대의 기업이다. 2014년에는 매출액이 약 20조 원이었다. 2위인 빅구카메라 매출의 두 배가 넘는다. 이렇게 높은 매출을 일으키는 기업답게 가장 큰 무기는 압도적인 구매력이다. 그러나 약점도 있다. 매출은 자사 판매점이 있는 지역에서 주로 발생하며 판매점이 없는 지역에서는 매출 실적이 거의 없다는 점이다. 그래서 야마다전기는 광범위한 지역의 작은 판매점들과 협력하고 있다. 작은 판매점은 야마다전기에서 제품을 구매해 자신의 고객에게 판매한다. 이때 야마다전기는 자신들이 제조기업에서 구매하는 가격과 동일한 가격으로 작은 판매점에 제공하기 때문에 작은 판매점 역시 구매력을 가지게 된다. 야마다전기는 그 대가로 추가 매출을 얻는다.

대형 매장은 고객을 모으는 힘(집객력)이 매우 강하다. 대형 매장이 옆에 있으면 고객의 흐름이 많아진다. 이는 작은 매장에게 위협적인 요소이지만 동시에 유리하게 작용할 수도 있다. 작은 매장이 대형 매장과 경쟁해야 하는 항목은 가격이 아니라 제품의 차별화다. 대형 매장에서 취급할 수 없는 제품이나 독특하고 희귀한 제품을 구비한다. 이를 위해서 작은 매장은 고객의 일상생활에 밀착해 고객의 불편함에 귀를 기울이고 함께 해결방법을 모색한다. 대형 매장은 지역에서 '넘버 원'을 노리지만 작은 매장은 '온리 원'을 노려야 한다. 만약 어떻게 해야 할지 정말 모르겠다면 고객에게 직접 물어보는 게 최선이다.

미래의 고객에게 과거의 클레임을 공개한다

고객이 클레임을 걸면 기업 입장에서는 싫은 게 당연하다. 고객에게는 중요한 문제지만 기업에서는 가급적 피하고 싶은 게 클레임이다. 같은 내용의 클레임이 반복해서 들어오면 기업에서는 자주 일어나는 현상이라며 대수롭지 않게 말하기도 한다. 하지만 고객에게는 이 말이 너무 호들갑을 떨지 말라는 것처럼 들린다. 대부분의 고객은 실제로 기업에 클레임을 걸 때까지 많이 고민한다. 화나고 성가신 일이지만 그걸 참으면서 기업에 전화하는 이유는 해당 사안이 고객의 입장에서는 매우 중요한 문제이기 때문이다. 그런데 담당자가 성의 없이 대하면 고객은 자신이 무시당했다고 느껴 감정이 격해지게 된다. 그래서 자신의 불만을 인터넷에 올리거나 소비자 보호센터에 고발하고 방송국에도 제보한다. 처음에는 작은 문제였지만 기업의 잘못된 대응이 큰 문제로 만든 것이다.

이처럼 고객센터의 첫 대응이 이후의 전개과정을 좌우한다. 큰 문제는 대부분 작은 불만에서 시작된다.

기업에서 고객의 클레임에 제대로 대응하면 오히려 고객과의 사이에 신뢰가 생긴다. 도요타 홈의 영업직원인 기쿠하라 도모아키의 사례를 보자. 도요타 홈은 주택을 짓거나 판매하는 기업이다. 이 기업의 영업직원은 고객과 계약해 주택을 짓고 임대하며 보수하는 과정을 담당한다. 이 과정에는 클레임이 많이 생긴다. 왜냐하면 주택을 짓는다는 것은 평생에 한 번 있을까 말까 한 큰일이기 때문이다. 이렇게 큰일을 하는데도 불구하고 고객에게는 건축지식이 없다. 그래서 영업직원과 상담할 때 자신의 생각을 애매하게 표현한다. 그 결과 고객이 머릿속에 가지고 있던 이미지와 실제로 시공된 후의 실물에 차이가 생기고 이것이 클레임의 원인이 된다. 고객이 클레임을 걸면 공사기간도 늘어나고 건축비도 증가한다. 고객에도 기업에도 좋을 게 없다.

기업의 입장에서는 비슷한 내용의 클레임이 자주 걸린다. 만약 클레임을 모으고 정리해서 미리 고객에게 공개하면 어떨까? 예를 들어 출입문에도 클레임이 많이 발생한다. 대부분의 이유는 냉장고나 세탁기 같은 대형 가전제품을 들이기에 폭이 좁기 때문이다. 이 문제를 해결하려면 처음부터 출입문의 폭을 여유있게 설계해야 한다. 그러나 대부분의 고객은 건축설계 도면도 볼 줄 모르고 냉장고의 사양도 알지 못한다. 그래서 기쿠하라는 과거의 고객에게서 나온 클레임을 정리해서 미래의 고객에게 공개하기로 했다. 집을 지으려고 생각하는 고객에게 도움이 될 만한 클레임 정보를 제공한 것이다.

고객은 실질적으로 필요한 정보를 제공하는 기업에 신뢰감을 느낀다. 기업은 고객이 정말 원하고 필요로 하는 정보가 무엇인지 잘 모른다. 기쿠하라는 과거의 고객이 제기한 클레임을 정리하고 각각 어떻게 해결했는지 분석했다. 과거의 고객이 어떤 클레임을 걸었는지는 미래의 고객에게 중요한 정보다. 자신도 똑같은 클레임을 걸 수 있기 때문이다. 클레임을 공개하는 대상은 아직 집을 지을지 결정하지는 않은 사람이다. 그러나 가까운 시기에 집을 지으려고 생각하고 있기 때문에 미래의 고객이 될지도 모른다.

클레임을 공개하는 방식은 매우 단순하다. 정기적으로 고객에게 편지를 보내는 것이다. 편지는 먼저 스스로를 나타내는 문장으로 시작했다. "휴일에 딸과 함께 노는 것을 즐기는 기쿠하라입니다." 혹은 "축구와 등산에 푹 빠져 있는 기쿠하라입니다." 자신을 소개하는 문장에 정직, 성실, 신용과 같은 단어는 일절 사용하지 않았다. 편지의 마지막 부분에는 항상 자신의 사진을 넣었다. 내 얼굴에 책임을 지고 고객을 행복하게 하겠다는 의지를 나타낸 것이다. 편지에는 영업에 관한 내용은 적지 않는다. 영업, 견적, 할인이라는 용어는 사용하지 않는다. 미래의 고객에게 과거의 클레임을 공개한 편지를 정기적으로 보낸 결과 기쿠하라는 4년간 영업실적 1위를 달성했다. 그전에는 영업실적 최하위였다. 어떤 고객이 클레임을 걸면 이를 해결하느라 다른 고객에게 신경을 쓰지 못했다. 그러다 보니 전혀 클레임을 걸지 않은 고객에 대한 배려가 오히려 줄어드는 모순이 발생한 것이다. 영업실적 최하위였던 시절에는 고객의 클레임을 처리하느라 번민의 시간을 보냈다. 영업실적 1위인 시절에는 과거의 클레임을 미래의 고객에게 공개하고 고객과 함께 고민함으로써 오히려 고객의 신뢰를 얻었다. 클레임을 감추지 않고 당당하게 공개해서 성공한 사례다.

고객 중에는 내성적이거나 사교적이지 않은 사람도 있다. 기쿠하라는 상담을 할 때 같이 온 가족 중에서 전혀 말이 없는 사람에게 직접 의견을 물어보았다. 전체적으로 마음에 드는지 여부를 묻는 게 아니라 구체적인 문제점을 지적하고 여기에 대해서 어떻게 생각하는지 질문한다. 이때 부정적인 면도 함께 제시한다. 예를 들어 "창문을 높이면 청소하기는 조금 나쁘지만 환기는 잘된다"는 식으로 말한다. 그렇게 하지 않으면 나중에 클레임이 제기될 수 있기 때문이다.

기업의 담당자가 기술적인 항목에 대해 고객이 알아듣기 쉽도록 제대로 설명해주면 고객도 문제가 무엇이며 이를 어떻게 해결해야 하는지 이해할 수 있다. 기업은 윗사람이 아랫사람 다루듯 고객을 상대하는 것이 아니라 서로 협력 관계로 인식하는 게 좋다. 만약 기업에서 건축물에 대한 사양을 기술적으로만 표현한다면 대부분의 고객은 이를 제대로 이해하지 못할 것이다. 그러면 고객은 자신의 입장에서 유리하게 해석하기 쉽다. 고객은 이렇게 자의적으로 해석한 결과를 마음속에 담아둔다. 그리고 시간이 지나면 기업으로서는 전혀 예상하지 못했던 클레임이 제기된다. 기업에서는 고객이 오해했다고 말하지만 고객은 자신의 입장에 유리하게 해석했을 뿐이다.

직원은
고객의
파트너

CHAPTER
4

이런 직원이 기업을 살린다

잘 웃는 직원이 고객을 불러모은다

기업이 크게 비용을 들이지 않고 고객과 좋은 관계를 맺으려면 잘 웃는 직원을 채용하면 된다. 고객은 직원을 보기 때문이다. 직원이 고객에게 웃는 얼굴로 인사하고 친절하게 대하면 고객은 직원에게 호감을 느낀다. 적어도 나쁜 사람이라고 생각하지는 않는다. 직원 입장에서 고객과 정말 코드가 맞지 않는다고 생각되면 웃는 얼굴로 대하면서도 말은 아끼는 것이 좋다. 직원이 찡그린 표정으로 말까지 많이 하는 것은 최악이다.

고객은 직원의 표정에서 다양한 것을 읽어낸다. 직원은 고객에게 호감을 가지고 친절한 눈빛으로 맞이해야 한다. 얼굴은 웃고 있지만 눈이 웃지 않으면 고객은 호감을 느끼지 않는다. 억지로 웃으면 눈이 웃지 않아서 얼굴이 일그러진다. 웃는 얼굴이 중요하다는 것은 누구나 다 알지만 스스로는 제대로 웃지 못하는 사람이 의외로 많다. 웃고 있으면 위엄이 없다고 생각하는 사람도 있다. 직원이 활짝 웃으려면 자신의 업무에 만족하고 자신감이 있어야 한다. 만약 가정이나 직장에 문제가 있다면 표정에 여유가 없고 다른 사람이 말을 걸어도 별로 흥미가 없다. 직원의 얼굴을 보면 기업의 형편이 좋은지 나쁜지 쉽게 알 수 있다.

직원들이 웃으면 기업의 분위기는 즐거워진다. 아침에 모든 직원이 출근하면 다 함께 모여서 크게 웃고 박수치고 하루를 시작하는 기업도 있다. 택시회사 중에는 기사가 운행을 나가기 전에 반드시 거울을 보고 크게 웃고 난 다음에 업무를 시작하는 곳도 있다. 또한 불량한 태도는 언어보다 나쁜 이미지를 준다. 아무리 웃는 얼굴이라도 인사할 때 자세가 비뚤거나 어깨가 구부정하다면 고객에게 신뢰감을 주지 못한다.

잘 웃는 직원이 있으면 고객에게도 여유가 생긴다. 일본의 잡화점인 돈키호테는 독특한 진열방식으로 유명하다. 매장에 들어서면 마치 아마존 밀림 속에 흩어놓은 제품을 찾는 것 같은 기분이 든다. 처음 간 사람은 도대체 어디에 무엇이 있는지 알 수가 없다. 하지만 이동하기도 불편한 매장을 이리저리 헤매고 다니다 보면 제품을 찾는 재미를 느끼게 된다. 이런 판매방식이 고객의 흥미를 유발해서 인기가 높다. 대부분의 매장에는 구매담당자가 있는데 이들의 업무는 고객이 원하는 제품을 구매하는 것이다. 오랫동안 현장에서 경험을 쌓은 구매담당자가 고객의 특성을 아무리 잘 안다고 해도 구매한 제품을 다 팔기는 어렵다. 항상 재고가 남기 마련이다. 이런 경우에 기업에서는 가격을 대폭 할인해서 판매한다. 돈키호테 역시 재고는 할인해서 판매하지만 여기에 웃음의 요소를 추가한다. 예를 들어 이런 안내문을 만든다. "이 제품은 제가 구매했는데 만약 다 팔지 못하면 점장에게 야단맞기 때문에 과감하게 싸게 팝니다." 가격표 옆에는 담당자가 머리 숙여 절하는 그림도 그린다. 고객은 이것을 보고 직원의 표정을 상상하며 제품을 다시 한 번 쳐다보게 된다. 만약 제품이 마음에 들면 할인된 가격으로 구입한다.

누구나 경험했듯이 억지로 일하면 시간이 굉장히 느리게 가지만 즐겁게 일하면 순식간에 지나간다. 매장에서 직원들이 즐겁게 일하면 그 즐거움이 고객에게 전염된다. 그래서 고객이 매장에 머무르는 시간도 순식간에 지나간다. 직원이 즐겁게 일한 효과가 고객에게도 전해진 것이다. 많은 기업에서는 직원들이 즐겁게 일할 수 있도록 분위기를 조성한다. 분위기에는 호칭도 포함된다. 도쿄 디즈니랜드에서는 직원이나 아르바이트 직원을 캐스트라고 부른다. 고객에게 즐거움을 주기 위한 연기자라는 의미다. 직원들은 청소하거나 고객을 안내하는 행동조차 하나의 연기라고 생각한다. 연기를 하다 보면 자신도 모르는 사이에 그

연기에 빠져들고 연기의 수준을 올리고 싶은 욕망이 생긴다. 직원이 웃으면서 즐겁게 연기를 하면 이를 관람하는 고객 역시 즐거워진다. 그래서 디즈니랜드에서는 하루 종일 있어도 마치 몇 시간도 되지 않은 것처럼 짧게 느껴진다.

기업에서 직원의 웃는 모습을 상상하면서 제도를 만들었으나 정작 직원은 웃지 못하는 경우도 있다. 아무리 기업에서 직원을 위해 마련한 제도라고 해도 직원이 이를 받아들이지 못하면 문제가 될 수밖에 없다. 이른바 블랙기업이라고 불리는 기업의 경우다. 블랙기업이란 폭력조직과 관계를 맺거나 사회에 나쁜 영향을 주는 기업을 말하는데 최근에는 조금 다르게 사용되고 있다. 청년들을 대량으로 고용해 오랜 시간 동안 가혹한 환경에서 노동을 시키면서도 그 대가를 정당하게 지불하지 않는 기업을 그렇게 부른다. 의류 판매기업인 유니클로도 블랙기업으로 평가받았다. 기업이 직원을 독려해서 좋은 커리어를 만들도록 장려하는 것은 좋지만 지나치게 억지로 강요하면 반드시 부작용이 생긴다는 것을 유니클로의 사례가 잘 보여준다.

유니클로에서는 입사 후 6개월이 지나면 점장으로 승진할 수 있는 자격이 생기는데 가능하면 1년 이내에 점장이 되는 것을 장려한다. 만약 이 기간 동안 점장으로 승진하지 못하면 무능한 직원으로 낙인찍히게 된다. 직원들은 승진하기 위해서 많은 노력을 해야 하지만 그 과정이 지나치게 혹독하다. 근무시간이 끝나도 퇴근하지 못하고 잔업을 하며 휴일에는 연구회에 자발적으로 참석해서 지식을 쌓아야 한다. 기업에서는 잔업수당을 주지 않고 휴일을 보장하지 않으며 장시간 노동을 요구한다. 근무하기 어렵다 보니 입사 후 3년 이내에 직원의 절반이 사직한다. 5년이 지나면 직원의 80% 이상이 사직한다. 직원들의 불만이 크다 보니 유니클로는 퇴직한 직원들을 상대로 명예훼손 소송을 제기했다. 2013년 도쿄지방법원은 유니클로가 제기한 명예훼손 혐의에 대해서 직원들에게 가혹한 노동환경을 제공한 사실을 인정하고 원고 패소 판결을 내렸다. 이로써 유니클로는 법원에서 인정한 블랙기업이 되었다.

블랙기업이라는 평가에 대해서 유니클로의 창업자인 야나이 타다시는 강력하게 부인한다. "직원이 노력해서 빠른 시간 안에 점장이 되고 경영자가 되기를 바라기 때문에 일부러 약간 어려운 목표를 부과한다. 그러나 매장을 관리하는 기술만 강요하다 보니 인간으로서 사회인으로서 리더로서 가져야 할 덕목을 교육하지 못한 점도 있었다. 기업에 입사한 직원이라면 누구나 능력에 맞는 대우를 받는 것이 당연하다. 그런데 요즘 청년들은 너무 나약해서 조금만 어려운 목표를 주면 이를 해결하고 극복하려고 하기보다는 오히려 피하려 한다. 사람은 일하지 않으면 성장할 수 있는 방법이 없다. 헝그리 정신이 없으면 사회인으로서나 인간으로서 성장하지 못한다. 우리 회사는 앞으로도 직원들이 좋은 커리어를 만들어갈 수 있도록 장려할 것이다."

우수한 직원이 우수한 기업을 만드는 것은 아니다

기업은 직원의 집합체다. 그러므로 기업의 수준이라는 것은 곧 직원의 수준을 말한다. 그런데 우수한 직원을 많이 모은다고 해서 곧바로 우수한 기업이 되는 것은 아니다. 우수한 기업은 평범한 직원들이 팀으로 활동한 결과 탄생한다. 팀에는 선배와 후배가 모이거나 다양한 분야의 직원이 모인다. 도제식으로 팀을 구성하는 경우도 있다.

기업이 가장 먼저 해야 하는 일은 직원들이 팀으로 모여서 일하는 능력을 키우도록 장려하는 것이다. 다른 사람을 이해하고 관리하는 능력을 사회적 지능이라고 하며 이를 바탕으로 탄생한 것이 감성지수다. 직원들의 지능지수가 높으면서 사이가 나쁜 팀보다 지능지수는 낮더라도 사이가 좋은 팀이 우수한 결과를 낸다고 한다. 기업에서는 직원들의 감성지수가 중요하다는 의미다.

기업에서 실적이 개선되지 않을 때 가장 빠른 개선 방법은 팀의 리더를 바꾸거나 구성원을 바꾸는 것이다. 감성지수가 달라지면 기업의 분위기가 완전히 바뀌기 때문이다.

소속한 팀에 좋아하는 사람이 있으면 자연스럽게 그 사람의 행동을 따라하게 된다. 사람의 본질을 알려면 그 사람의 친구를 보라고 했다. 친구를 보면 평소에 그 사람이 어떤 행동을 하는지 알 수 있다. 친구 따라 강남 간다는 말처럼 좋아하는 사람이 있으면 그와 말투나 행동이 비슷해진다. 말하는 내용이나 생각까지 비슷해지는데 이것을 동조경향이라고 한다. 어느 팀에서 회의할 때 만약 팀원들이 다음과 같은 반응을 보인다면 서로 동조하고 있는 것이다. 누군가 말한 단어를 다른 사람이 그대로 따라서 말한다. 고개를 끄덕이거나 맞장구를 친다. 말하는 사람을 향해서 상체가 자연스럽게 기울어진다. 상대방과의 사이에 아무것도 없게 책상 위에 있는 물건들을 치운다.

팀은 보통 3명 이상으로 구성한다. 3명이 모이면 그중에 스승이 있다고 한다. 세 사람 중에 스승이 있다기보다 세 사람이 만드는 분위기 속에 배울 점이 있다는 의미다. 사람의 마음속에는 다른 사람을 모방하려는 의지와 모방하지 않으려는 의지가 동시에 존재한다. 나의 존재감을 인정받고 싶다는 욕망도 있다. 이러한 여러 가지 마음이 섞이면서 팀에 있는 다른 사람의 분위기를 따라가게 된다.

만약 내가 길을 걷고 있는데 길거리에서 다른 사람이 하늘을 보고 있다면 나도 모르게 덩달아서 하늘을 쳐다보게 된다. 스탠

리 밀그램(Stanley Milgram)의 복종연구에 따르면 길거리에서 건물을 올려다보는 사람이 3명 있으면 지나가다가 멈춰 서서 함께 올려다보는 사람이 급속히 늘어난다. 5명 이상이 올려다보고 있으면 지나가던 사람의 80%가 길을 멈추고 함께 쳐다본다. TV에서 맛집을 소개할 때도 마찬가지다. 3사람이 맛있다고 말하면 정말 맛있을 것 같다. 인터뷰하는 고객은 각본대로 연출한 것에 불과하다. 시청자도 그 사실을 안다. 이런 사실을 알면서도 3명이 같은 말을 하면 그럴듯하다고 느낀다.

식당 앞에서 3명 이상이 줄을 서서 기다리면 왠지 그집 음식은 맛있을 것 같다. 그래서 그런 효과를 노리고 일부러 실내를 좁게 하는 식당도 있다. 실내장식도 매우 검소하다. 이런 식당에서는 고객의 눈앞에서 음식을 끓이고 요리한다. 실내가 너무 좁기 때문에 한 번에 들어가서 식사할 수 있는 고객이 서너 명에 불과한 곳도 있다. 이런 식당 앞에는 아침부터 밤까지 고객들이 줄을 서 있다. 이렇게 고객이 줄을 서게 만드는 것이야말로 매우 효과적인 선전방법이다. 지나가는 사람에게 언젠가는 이 식당에 오고 싶다는 생각을 갖게 하기 때문이다.

좋은 기업이란 직원이 만족하는 곳이며 직원이 행복을 느끼는 곳이다. 만족스럽게 일할 수 있으면 커다란 보람을 느낀다. 자신의 일에 만족하는 직원은 고객과도 좋은 관계를 맺는다. 직원은 고객이 자신의 존재감을 인정해주거나 고객이 고마워하면 보람을 느낀다. 기업은 직원이 전부라 해도 과언이 아니다. 따라서 직원을 채용할 때는 그에게 에너지가 있는지 확인해야 한다. 가장 바람직한 것은 주변에 에너지를 나눠줄 정도로 커다란 플러스 에너지를 가진 사람이다. 반대로 커다란 마이너스 에너지를 가진 사람도 나쁘지 않다. 이런 사람은 스스로 납득하면 마이너스가 플러스로 변하기 때문이다.

그러나 절대로 채용해서는 안 되는 사람도 있다. 플러스 에너지도 없고 마이너스 에너지도 없는 사람이다. 이런 사람은 누가 무슨 말을 하든 그저 가만히 듣고만 있다. 조용하게 있으니 다른 사람과 충돌이 일어날 일도 없다. 얼른 보면 성격이 무난하고 조직에 잘 어울릴 것 같다. 실제로 이런 사람이 조직에서 승진하는 경우도 많다. 상사가 무슨 말을 하면 절대로 반발하지도 않고 동료의 의견을 비난하지도 않는다. 그러나 아무런 에너지가 없기 때문에 함께 일을 하면 큰 성과도 없고 큰 실패도 없다. 마치 블랙홀처럼 팀원의 에너지를 빨아들이고 없애는 사람이다.

좋은 일을 하려면 플러스든 마이너스든 에너지의 절대치가 큰 직원이 반드시 필요하다. 얼핏 불가능해 보이는 목표가 있다고 하자. 할 수 있다고 생각하는 사람은 해낼 수 있다. 할 수 없다고 생각하는 사람은 생각을 바꾸면 해낼 수 있다. 그러나 목표 달성에 대해서 아무것도 생각하지 않는 사람은 정말 아무것도 할 수 없다.

억지로 일하려면 떠나라

기업은 직원의 생활을 보장하고 직원은 기업을 위해 혼신의 노력을 다한다. 그러나 그 과정에서 제3자에게 피해를 주는 일이 생겨서는 안 된다. 기업 중에는 신입사원 연수기간 동안 거리에 나가서 자신이 신입사원 연수 중임을 밝히고 전혀 모르는 사람의 명함을 100장 받아오도록 시키는 곳이 있다. 이러한 행동은 다른 사람에게 지나친 실례가 되기 때문에 비판의 목소리도 많다.

이 프로그램의 명목상 목적은 신입사원에게 담력을 길러주고 사회를 알게 해준다는 데 있다. 그러나 기업의 실제 목적은 향후 마케팅에 사용하기 위해 개인정보를 수집하는 것이다. 이 프로그램은 회사를 위해서라면 직원들이 다른 사람에게 어느 정도 피해를 줘도 좋다는 것을 전제한다. 실제로 이런 프로그램을 운영하는 기업은 도덕성에 문제가 있는 기업이다. 제대로 된 기업에서는 절대로 다른 사람에게 피해를 주는 프로그램을 운영하지 않는다. 최근에는 이 프로그램을 모방해서 사람들이 많이 모이는 대형 전시장 앞에서 신입사원을 가장하고 입장객의 명함을 받아가는 경우도 있었다. 그래서 전시장에서는 모르는 사람에게 함부로 명함을 주지 말라고 입장객에게 경고하기도 한다. 이런 기업은 직원이 쉽게 사직할 것이라는 것을 전제로 채용한다. 그러므로 단기간에 많은 성과를 내도록 무리하게 요구한다.

직원을 소모품처럼 여기는 기업이 있는가 하면 직원들에게 소모품처럼 일하려면 차라리 떠나라고 요구하는 기업도 있다. 아무리 직원이 주인공이라고 해도 기업이 직원에게 억지로 에너지를 만들라고 요구할 수는 없다. 기업이 요구한다고 해서 없던 에너지가 만들어지는 것도 아니다. 그러므로 기업의 문화에 어울리지 못하는 직원은 일찍 떠나라고 말한다. 그 편이 기업과 직원 모두에게 좋기 때문이다.

인터넷 판매기업으로 많은 성과를 내고 있는 자포스는 기업의 문화에 어울리지 못하거나 기업의 이념에 호응하지 못하는 직원은 일찍 떠나보내는 제도를 운영하고 있다. 인터넷 판매는 기업과 고객이 얼굴을 보지 않고 거래하기 때문에 고객과의 소통이 매우 중요하다.

자포스에서는 모든 직원이 고객의 전화를 받고 모든 직원이 고객과 소통한다. 만약 고객과 소통하는 작업이 힘들거나 고객과 오랫동안 친절하게 대화하는 것이 싫은 사람이라면 처음부터 이 기업에 취업하지 않아야 한다. 그러나 취업해서 실제로 일해 보지 않으면 얼마나 어려운지 알 수 없다. 자포스에서는 직원채용 과정을 매우 까다롭게 운영한다. 지원자의 학력보다 기업의 이념과 문화에 얼마나 잘 어울릴지 평가한다.

채용된 직원들은 한 달 동안 고객과의 소통을 위한 훈련을 한다. 훈련을 마치면 업무에 배치되는데 만약 일주일 내로 사직하면 약 300만 원을 지급한다. 자포스의 기업문화를 이해하지 못하는 직원은 업무를 하면서도 절대로 보람을 느낄 수 없기 때문에 그런 사람을 배제하기 위한 장치인 셈이다. 그런 직원이 고객에게 감동을 선사할 리 없다. 직원에게나 기업에나 안 좋은 결과를 낳는다.

직원이 억지로 일하는지 만족하며 일하는지는 경영자의 태도에서도 크게 영향을 받는다. 1981년에 소프트뱅크를 창업한 손정의는 개업한 첫날 직원 2명을 앞에 두고 이렇게 연설했다. "우리 회사는 앞으로 일본에서 시가총액 최고 기업이 될 것입니다." 너무나 자신만만한 태도에 다음 날 직원 한 명이 사직했다. 아무래도 사장이 머리가 이상하다고 생각한 것이다. 손정의는 그 후 30년 이상 계속해서 큰 소리로 미래의 이미지를 말했다. 그 이미지는 항상 현실을 초월하는 꿈같은 수준이었다. 그래서 그의 별명은 허풍쟁이다. 그러나 손정의는 그가 약속한 대로 거대한 기업을 일구었다. 경영자의 실천력을 말할 때 손정의가 빠지지 않는 이유다. 직원은 경영자의 뒷모습을 보면서 자신의 미래를 그릴 수 있어야 한다. 그래야 에너지가 생긴다.

유능한 직원은 작은 일에 최선을 다한다

고객의 요구는 항상 변한다. 그러므로 기업이 전혀 예상하지 못한 내용을 고객이 요구하더라도 직원들이 매 순간 적절하게 대응할 수 있는 능력이 중요하다. 그러나 직원들의 임기응변만으로는 충분하지 않다. 가장 중요한 것은 준비다. 유능한 직원이라면 준비과정도 우수하다. 군대에서는 이렇게 말한다. "훈련에서 흘리는 땀 한 방울은 전투의 피 한 방울과 같다." 운동선수들도 말한다. "훈련은 실전처럼 하고 실전은 훈련처럼 한다." 모두 준비하는 과정의 중요함을 일깨워주는 구호다.

　일을 제대로 처리하는 능력은 선천적인 것이 아니라 학습으로 만들어진다. 학습과정은 고객에 대한 이해를 바탕으로 하며 실전을 준비하는 과정에 큰 비중을 두어야 한다. 그러므로 임기응변에 약하다는 것은 제대로 준비하지 않았다는 것과 같은 의미다. 만약 큰 행사를 준비한다면 모든 활동을 1분이나 30초와 같이 최소한의 단위로 쪼개 생각하고 준비한다. 각 활동별로 담당자와 준비물을 적고 언제까지 무엇을 준비할 것인지 정한다. 만약 계획대로 되지 못하면 어떻게 대응할 것인지에 대해서도 준비한다. 이렇게 준비해도 실전에서는 미처 예상하지 못했던 상황이 발생한다. 그러나 사전에 철저하게 준비한 직원일수록 임기응변에도 강하다.

직원이 맡은 일을 제대로 처리할 수 있는 수준에 도달했는지를 평가하려면 작은 일을 대하는 모습을 보아야 한다. 유능한 직원이란 작은 일을 크게 생각하고 큰 일을 작게 생각하는 사람이다. 작은 일을 소홀히 하거나 놓치는 직원은 큰 일을 하지 못한다. 항상 하는 업무인데도 자주 숫자가 틀리거나 단어가 틀리는 직원이 있다. 이런 직원은 바쁜 게 아니라 무능한 것이다. 뛰어난 경영자 중에는 작은 일에 집착하는 사람이 유달리 많다. 작은 실수를 한 직원을 크게 야단치는 경영자도 있다. 사소한 실수가 발단이 되어 회사를 위험에 빠뜨릴 수 있다고 생각하기 때문이다.

고객 역시 작은 것에 감동하기도 하고 분노하기도 한다. 기업을 방문해 회의를 하는 경우가 있다. 회의가 끝나면 그 기업의 직원 한 명이 반드시 출구까지 동행한다. 큰 건물에서 엘리베이터를 타야 한다면 엘리베이터까지 따라가 함께 기다리고 엘리베이터에 고객이 타는 것을 확인한다. 그리고 문이 닫힐 때까지 기다린다. 회의에서 아무리 중요한 안건을 논의했다 하더라도 헤어지는 순간의 작은 인사가 회의의 인상을 마무리 짓는다. 고객이 시야에서 사라질 때까지 고개를 숙이고 인사하는 것만으로도 고객은 크게 감동한다.

기업의 수준 역시 작은 곳을 보면 알 수 있다. 예를 들어 화장실이 깨끗하면 다른 곳도 깨끗하다. 고객에게 청결한 화장실을 제공하는 기업이라면 다른 곳은 보지 않아도 수준이 높다. 고객도 청결함과 밝은 분위기를 좋아하지만 직원 역시 일터가 깨끗하면 일하는 것이 즐겁다. 요즘은 지하철 화장실도 경쟁하듯이 청결함을 자랑한다. 청결함을 유지하는 것은 작은 노력이지만 이는 기업의 중요한 전략이다. 청결함은 기업의 경쟁력이 되기 때문이다.

화장실 자체가 주인공은 아닐지라도 기업 평가에 큰 영향을 미치는 비중 높은 조연인 것만은 사실이다. 어떤 식당에서는 화장실에 구강 청결제를 포함해 다양한 비품을 준비해둔다. 고객이 화장실에 가면 마치 어느 가정의 화장실에 온 것 같은 느낌을 받는다. 화장실을 이용한 마케팅이다. 식당을 평가해서 최고 별 3개를 부여하는 미슐랭 가이드는 요리만 평가하는 것이 아니다. 고객을 안내하는 직원과 화장실의 청결함 역시 매우 중요한 평가요소다.

호텔에서 하얀색을 많이 쓰는 이유는 청결함을 유지하기 위해서다. 고급 호텔일수록 더러워지기 쉬운 부분은 일부러 하얀색을 사용한다. 조금만 더러워져도 금방 눈에 띄기 때문이다. 룸메이드는 호텔 객실을 청소할 때 신발을 벗고 한다. 신발이 더러운 이유도 있지만 더 큰 이유는 발바닥으로 객실 바닥의 상태를 체크하기 위해서다. 만약 바닥에 이물질이 떨어져 있더라도 맨발이라면 금방 알아차릴 수 있다. 청소기를 이용해 객실의 가장 안쪽에서 출입문 쪽으로 이동하면서 룸메이드의 발자국까지 지운다. 청소의 범위에는 냄새를 제거하는 것도 포함된다. 청결한 객실은 공기가 맑고 냄새도 신선하다.

TV는 저음으로 설정하고 욕실의 샤워기는 물이 나오는 쪽이 벽을 향하게 하며 가구를 이동한 흔적이 없게 한다. 실내 냉장고에 들어 있는 음료수는 겉포장이 조금이라도 뜯긴 흔적이 있으면 새것으로 교체한다. 내용물에 의심이 가기 때문이다. 이처럼 매우 작은 일 하나하나에 최선을 다하는 직원이 유능한 직원이다.

유능한 직원일수록 유능하게 보이는 이미지를 스스로 연출할 줄 안다. 유능하게 보이는 이미지는 표정, 자세, 복장에서 나타난다. 표정은 여유 있는 웃음과 밝은 모습을 유지한다. 자세가 단정하지 못하거나 무기력하게 보이면 고객은 거부감을 느낀다. 그렇다고 군인처럼 딱 부러진 자세로 있으면 고객이 긴장한다. 적당히 긴장한 자신감 있는 자세는 고객에게 좋은 인상을 준다. 걷는 자세는 어깨가 상하로 움직이지 않아야 안정감 있어 보인다.

매일 아침 출근하면 같은 자리에 서서 사진을 찍어보는 것도 좋다. 사진을 보면서 표정이 밝은지 웃음이 자연스러운지 확인한다. 자세가 바른지도 확인한다. 웃음과 자세를 확인한 후에 일과를 시작한다.

복장은 제복이 대표적이다. 옷이 사람을 만든다는 말처럼 복장이 사람의 본질을 바꿀 수는 없지만 어느 정도의 행동은 변화시킬 수 있다. 정장을 입었을 때와 청바지를 입었을 때의 태도는 당연히 다르다. 중요한 모임에서는 반드시 사전에 복장을 지정해준다. 드레스 코드를 통일하는 것이다.

영화나 드라마에서 등장인물의 특징을 나타내기 위한 가장 쉬운 방법 역시 복장이다. 연구소 연구원과 생산직 직원의 복장은 전혀 다르다. 기업에서 같은 일을 하는 직원의 복장은 가급적 통일하는 것이 좋다. 만약 작은 식당에 종업원이 3명이라면 적어도 앞치마만이라도 같은 것으로 입는 것이 좋다. 이렇게만 해도 고객에게 좋은 이미지를 줄 수 있다.

우리나라의 택시는 고객 불만이 많은 업종 중 하나다. 만약 택시기사의 근무복장을 제복으로 통일한다면 서비스 수준이 금방 올라갈 것이다. 제복은 가급적 하얀색이나 밝은 색상이 좋다. 제복을 입고 있으면 우선 택시 안의 분위기가 밝아질 것이고 하얀색 제복이 더러워지면 금방 알기 때문에 항상 청결함을 유지할 것이다. 기사는 자신의 모습에 신경을 쓰듯이 차량에도 신경을 쓰게 된다. 기사와 차량이 매우 청결하면 고객도 좀 더 매너를 지킬 것이다. 밝고 청결한 곳에는 함부로 쓰레기를 버리지 못하는 것과 같은 심리다. 기사나 고객이나 복장에 어울리는 행동을 하게 마련이다.

직원행복이 고객만족을 낳는다

재미있고 즐겁게 일하려면?

일반적으로 일하는 목적이 생계를 유지하려는 데 있긴 하지만 실제로는 급여보다 일 자체를 더 중요하게 여기는 사람들이 많다. 지금 하고 있는 일이 재미있다고 느낄 때 직원은 큰 행복감을 느낀다. 직원이 느끼는 행복감은 고객에게 전염된다.

아예 사훈을 재미있고 즐겁게 일하자고 정한 기업이 있다. 일본의 호리바 제작소로 분석계측 장비 분야에서 세계 1위인 기업이다. 창업자인 호리바 마사오가 교토대학교에 재학 중이던 1945년에 만든 기업이니 일본 최초의 대학발 벤처인 셈이다. 호리바 제작소는 직원이 지속적으로 공부하기를 권한다. 직원의 지식은 제품개발에 반드시 필요하다. 그러나 이 기업은 지식보다 오히려 신나게 일하는 것을 더욱 중요시한다. 직원은 혁신의 주인공이며 혁신은 기업이 생존하기 위한 절대조건이기 때문이다. 호리바 창업자를 카이스트에 초청한 적이 있었다. 그는 손자뻘 되는 학생들을 앞에 두고 재미있는 일을 찾으라고 강연했다. 지금은 세상을 하직했지만 그가 남긴 기업은 지금도 재미있고 즐겁게 일하는 직원들로 북적이고 있다.

기업은 일단 살아남아야 한다. 오랫동안 살아 있어야 좋은 기회도 맞이하고 좋은 성과도 낼 수 있다. 기업의 생존에 가장 필요한 것은 경영전략도 아니고 운영자금도 아니다. 직원이다. 직원들이 스스로 재미있게 열정과 성의를 다해서 일해야 기업이 산다. 직원에게는 좋은 일을 한다는 신념이 있어야 한다. 내가 하는 일은 나와 내 가족을 행복하게 하며 사회에 반드시 필요한 일이고 이 일로 이 세상이 좋아진다는 신념이다. 신념을 가지고 하는 일은 즐겁다. 즐거운 일을 하면 행복하다. 직원이 행복하면 고객도 행복하다.

항공업계에도 직원이 즐겁게 일하고 고객도 크게 만족하는 사례가 있다. 비행기가 이륙하기 전이면 항상 승무원이 안전수칙을 설명한다. 그런데 승무원이 아무리 친절하게 설명해도 이를 귀담아 듣는 승객은 거의 없다. 이런 실정이다 보니 열심히 설명하는 승무원이 오히려 처량하게 보이기도 한다. 이처럼 무미건

조하고 의례적인 절차처럼 생각되는 안전수칙 설명을 재미있는 이벤트로 만든 사례가 있다.

에어 뉴질랜드의 승무원은 춤을 추면서 안전수칙을 설명한다. 2014년 2월에 공개된 영상에는 비키니 차림으로 등장한 여성 모델이 안전수칙을 설명하는 모습이 담겨 있다. 그러나 지나치게 선정적인 데다 여성을 상품화했다는 비난을 받고 영상은 폐기되었다. 2014년 10월에 새로운 영상이 소개되었는데 영화 〈호빗〉 제작진의 도움을 받아 안전수칙 영상을 만든 것이다. 영상 속에서는 승무원과 함께 배우와 감독도 등장해 안전수칙을 흥미롭게 설명한다. 최근에는 영화 〈맨인블랙〉을 이용해 안전수칙 영상을 만들었다. 이 영상을 보면 마치 뮤직비디오를 보는 듯한 착각이 든다.

2014년 1월에 공개된 버진 아메리카의 남자 승무원 영상도 화제가 되었다. 이 승무원은 비행기 통로를 무대 삼아 현란한 춤을 추면서 안전수칙을 설명한다. 춤의 내용은 안전벨트나 산소마스크 착용 등 특별할 것 없는 안전수칙이다. 승무원이 춤을 추면서 4분 이상 안전수칙을 설명하는 동안 모든 승객들은 흥미진진한 표정으로 승무원에게서 눈을 떼지 못한다. 지루하지만 반드시 해야 하는 비행 안전수칙을 설명하면서 이 승무원은 스스로도 즐거웠을 뿐만 아니라 업무의 수준을 한 차원 더 높였다.

기업은 직원의 도전정신과 실천의욕을 먹고 자란다

직원이 모인 집합체가 기업이다. 그러므로 기업의 문화라는 것은 곧 직원들이 만들어내는 문화다. 기업의 문화에는 직원 간의 호칭도 중요한 부분을 차지한다. 존댓말 사용법이 복잡한 우리나라에서는 특히 그렇다. 많은 기업에서는 직원을 부를 때 이름 뒤에 직책을 붙여서 부른다. 그러다 보니 호칭은 전무님, 부장님, 대리님이다. 아무런 직책도 없는 말단사원이라면 이름 뒤에 씨를 붙여서 부른다.

이렇게 직책으로 부르면 직원 사이에 깊은 정은 생기지 않는다. 업무상 대화를 할 때도 직책이 높은 사람이 한마디 하면 모두 다 입을 다문다. 기업이 고객과 좋은 관계를 만들려면 먼저 직원들끼리 좋은 관계를 만들어야 한다. 직원들 사이에 신뢰관계가 생기면 이는 자연스럽게 고객에게 전염된다.

벤처기업이나 역사가 비교적 짧은 기업은 자유로운 분위기에서 창의성과 혁신을 추구하자는 의미로 호칭도 자유롭게 정한다. 그 일환으로 한국인 직원들끼리 서양식 이름을 부르는 기업도 있다. 그런데 역사가 100년 이상 된 기업인데도 기업문화가 보수적이지 않고 직원끼리 별명으로 부르는 기업이 있다. 일본의 로토제약이다. 별명을 어떻게 부를지는 직원 각자가 정한다. 직원들이 사장을 부를 때도 사장이 스스로 정한 별명을 부른다.

별명은 대부분 성을 빼고 이름만 부르거나 이름을 줄여서 간단하게 부르는 식이다. 만약 이름이 홍길동이라면 별명으로 길이라고 하거나 동이라고 하는 사람들이 많다. 다른 사람을 별명으로 부르면 인간적인 친근감을 느낀다. 친하다고 느끼면 일체감이 생기기 쉽다.

1899년 설립된 로토제약은 주로 안약을 판매했다. 2014년의 매출액은 1조 2000억 원이다. 이 기업에서 개발한 '하다라보'라는 브랜드의 화장품은 2014년에 약 1400억 원 정도의 매출을 올려 일본 화장수 시장에서 1위를 차지했다. 이처럼 크게 히트한 화장품을 제안한 것은 당시 입사 1년 차 직원이었다. 역사가 오래된 대기업은 대부분 계층구조를 이루고 있으며 신입사원은 선배사원이나 상사가 지시하는 업무만 하기에도 벅차다. 이런 분위기에서 신입사원이 회사의 운명을 가를 정도의 제안을 하기는 어렵다.

그런데 로토제약에서는 신입사원이 신제품 개발을 제안하고 이를 실행에 옮겨 크게 성공했다. 이런 일이 가능했던 이유는 크게 두 가지다. 하나는 별명을 부르는 문화이며 또 하나는 자유좌석제도다. 이것은 모든 직원이 아무 곳에서나 자유롭게 일하는 제도다. 이 기업에는 임원도 개인 방이 없고 직원 사이에 섞여서 일을 한다. 이런 문화는 직원과 임원이 언제나 어디서나 자유롭게 상담할 수 있는 분위기를 만들어준다. 미국의 IT기업이나 벤처기업에서는 흔한 풍경이지만 아시아의 100년이 넘은 기업 가운데는 아주 드문 일이다.

새로운 개념의 화장품을 제안한 신입사원은 어느 날 임원에게 재미있는 물질이 있다고 설명했다. 히알루론산이라는 물질인데 이 물질 1g이 6L의 수분을 흡수한다는 것이다. 만약 이 특징을 제대로 활용할 수 있다면 혁신적인 화장수를 만들 수 있을 것 같다고 제안했다. 이 제안을 들은 임원은 강한 흥미를 보였고 즉시 직원 4명으로 개발 팀을 꾸리게 했다.

여기서도 파격적인 행보가 이어졌다. 대기업에서 팀을 구성할 때는 대부분 직책을 중심으로 피라미드 구조의 팀이 만들어진다. 그런데 로토제약에서 구성한 4명의 팀원 가운데 3명은 20대의 새파란 직원이었다.

결과적으로 이 팀에서는 전혀 새로운 화장품을 개발했으며 이 제품은 시장에서 크게 성공했다. 이 회사의 경영자에게 누가 물어보았다. "만약 이 화장품이 성공하지 않았더라면 어떻게 되었을까요?" 경영자는 다음과 같이 답했다. "글쎄요, 또 다른 것을 개발해서 더 크게 성공했을 수도 있고 아니면 또 다른 것을 개발해서 망했을 수도 있겠죠. 직원이 개발하자고 하면 하니까요."

기업이 발전하려면 먼저 직원이 발전해야 한다. 기업의 발전에 직원의 투쟁심이 절대적으로 필요한 기업이 파나소닉이다.

이 기업은 오랫동안 일본의 경제성장을 견인하는 국민기업이었다. 그러나 2000년대에 들어서면서 현저하게 내리막길을 걸어왔다. 일본의 경제성장이 둔화된 최근 20년을 비유해 '잃어버린 20년'이라고 한다. 심지어 '잃어버린 30년'이라고 주장하는 언론도 있다. 20년 전에는 "Japan as No.1"이라는 슬로건 아래 세계 경제를 주도했다. 그러나 1990년대부터 경제성장이 멈추고 최근까지 장기간 불황이 지속되고 있다.

파나소닉은 이런 상황을 대변하는 상징적인 기업이 되었다. 2015년 4월에 파나소닉은 향후 4년간 10조 원을 투자한다고 발표했다. 장기적인 침체에서 벗어나 다시 한 번 부활을 꿈꾸겠다는 의지를 천명한 것이다. 투자하는 분야는 기업 인수합병, 공장건설, 연구개발 등 다양한 곳이 될 것이다.

그런데 투자계획을 발표하면서 경영자는 새로운 방침을 밝혔다. 앞으로는 투자대상을 정할 때 과거와는 매우 다르게 진행하겠다는 것이다. 과거에는 본사에서 모든 것을 결정했다. 회사의 중심은 어디까지나 본사이며 심지어 해외지사의 휴일근무 여부까지 본사에서 결정했다. 이런 상황이라면 직원들이 아무리 좋은 아이디어를 제안해도 이를 조직적으로 활용할 수 없다.

그런데 이번 투자를 계기로 파나소닉은 본사 주도에서 현장 주도로 바꾸기로 한 것이다. 앞으로는 어디에 얼마나 투자할지 결정할 때 현장의 아이디어를 기본으로 삼는다. 기업이 부활하려면 현장의 투쟁심을 끌어내 현장에서 혁신이 일어나야 한다고 판단했기 때문이다. 물론 오랫동안 본사가 중심이 되어 정부와 협력하면서 경제성장을 주도해온 대기업의 체질이 하루아침에 변하기는 어려울 것이다. 그러나 현장 중심으로 돌아가겠다는 경영자의 의지는 매우 강하게 전달되었다.

일본의 제조기업은 설립 당시에는 모두 현장 중심이었다. 파나소닉 역시 설립자인 마쓰시타 고노스케가 현장을 중심으로 기업을 경영했다. 그러나 기업이 성장하고 직원이 늘어나면서 언제부터인가 본사 중심으로 변했다. 이런 체질을 다시 원점으로 돌리겠다는 것은 결국 기업의 미래를 다시 한 번 직원에게 신탁하겠다는 결정과 같다.

제조기업이 생존하기 위해서는 직원의 노력이 필수다. 이는 전자기업인 파나소닉만이 아니라 자동차 제조기업인 도요타 자동차도 마찬가지다. 도요타 자동차는 매출의 4% 정도를 연구개발비로 사용하는데 이 금액이 2015년에는 10조 원을 돌파했다. 도요타는 전 세계 자동차 메이커 중에서 폭스바겐에 이어 두 번째로 많은 연구개발비를 투자하고 있다. 그러나 아무리 많은 비용을 투자하더라도 모든 기술을 한 기업에서 독자적으로 다 개발할 수는 없다. 그래서 도요타는 앞으로 마즈다와 제휴하기로 했다. 제휴하는 분야를 특별히 정하지는 않았지만 마즈다의 엔진기술이 중심이될 것으로 보인다. 마즈다는 자체 브랜드로 자동차를 제조하고 있는데 특히 엔진기술에서 강점을 보이고 있기 때문이다.

그러나 자동차업계에서는 다르게 해석하고 있다. 도요타가 진정 원하는 것은 마즈다의 직원들이 자동차 제조에 대해 가지고 있는 도전정신과 실천의욕이라는 것이다. 도요타에 비하면 마즈다는 매우 작은 기업이다. 그러나 자동차 제조에 대한 마즈다의 도전정신은 어느 기업에도 지지 않으며 일본의 제조기업 중에서도 탁월하다고 평가받는다. 도요타 역시 현장의 개선활동을 바탕으로 글로벌 톱 기업으로 성장했다. 그러나 도요타는 기업의 규모가 확대되고 해외에서도 많은 공장을 경영하면서 현장의 도전정신이 많이 희박해졌다는 지적을 받고 있다. 도요타로서는 현장에서 혁신이 일어나기를 기대하면서 마즈다와의 제휴를 새로운 계기로 삼으려고 한다.

기업을 살리는 직원 기업을 죽이는 직원

많은 기업에서는 직원의 발전을 체계적으로 지원하기 위해서 각종 교육훈련 프로그램을 운영하고 있다. 기업으로서는 먼저 직원의 현재 실력을 알아야 한다. 그래야만 각 직원이 미래에 지향해야 할 목표를 현실적으로 정할 수 있기 때문이다. 회사의 성장을 위해 장기계획을 세우듯이 각 직원 역시 각자의 실력을 향상시키기 위한 장기계획을 세워야 한다. 이를 직원의 커리어 디자인이라고 한다. 커리어 디자인은 직원 개인의 발전과 기업의 발전을 위해서 반드시 필요한 작업이다.

커리어 디자인을 위해 처음에 해야 하는 작업은 각 직원의 업무능력을 객관적으로 표시하는 것이다. 이 작업은 단일 기업에서도 할 수 있지만 가능하다면 업계가 주체가 되어 진행하는 것이 효율적이다. 특정 업계에서 표준으로 통용되는 기준이라면 더욱 좋다. 예를 들어 일본 정보처리추진기구(IPA)에서는 IT업무에 종사하는 직원의 업무 능력을 표시하는 기준을 만들었다. 2011년에 IT기술 표준을 제정해 관련기업과 단체에 배포했다. 각 기업에서는 이 표준을 바탕으로 직원의 업무능력을 표시한다. IT기술 표준은 법령이 아니라 권장이지만 많은 기업에서 이를 활용하면서 사실상의 표준이 되었다.

기업에서는 이 표준을 활용해 직원의 커리어 디자인을 계획한다. 직원 역시 이 표준을 보면 자신의 능력 향상을 위해서 무엇을 해야 할지 쉽게 알 수 있다. 표준의 내용은 크게 직종과 기술로 나뉘어 있다. 직종은 마케팅, 영업, 컨설팅, IT 아키텍처, 프로젝트 매니지먼트, IT 스페셜리스트, 어플리케이션 스페셜리스트, 소프트웨어 개발자, 커스터머 서비스, IT 서비스 매니지먼트, 교육으로 구분한다. 각 직종에서 필요한 기술은 달성도와 연수 로드맵으로 구분한다. 직종과 기술을 조합한 매트릭스를 이용해 각 직원의 현재 위치와 지향해야 하는 목표 위치를 표시한다.

직원의 결합체가 기업이다 보니 직원의 수준은 곧 기업의 수준이 된다. 직원에게 문제가 있으면 기업이 위기에 빠진다. 어떤 기업이 위기에 빠지면 다양한 원인이 거론되지만 그 원인 중에는 직원의 수준이 빠짐없이 포함되어 있다. 이런 점에서 닛산자동차도 예외는 아니다.

1933년에 설립된 닛산자동차는 높은 기술력을 인정받고 있는 자동차 메이커다. 오죽하면 고객들도 '기술의 닛산'이라고 불렀겠는가? 기술이 훌륭하니 자동차의 성능은 나무랄 데 없다. 그러나 이 자동차는 고객이 좋아하는 모델이 아니다. 고객이 찾지 않는 모델을 계속 만들어내니 자동차가 팔릴 리 없다. 어느 회사나 마찬가지겠지만 새로운 모델을 개발해도 팔리지 않는다면 그 원인을 규명하고 누군가 책임을 져야 한다. 그런데 닛산에는 책임지는 사람이 없었다. 판매실적이 직원의 인사고과에 제대로 반영되지 않았기 때문이다. 부서 간 높은 장벽으로 인해 회사 내의 소통도 제대로 이루어지지 않았다. 부분 최적화가 성행하다 보니 기업의 전체 최적화가 이루어지지 못했다. 이런 상황이 지속되면서 결국 닛산은 2000년 경영위기에 빠지게 되었다.

일본의 자동차업계는 과거 오랫동안 도요타와 닛산이 선두에서 경쟁했다. 매출은 도요타가 1위고 닛산이 2위였다. 그러나 2000년 당시 언론기사를 보면 과거의 평가가 크게 변했다. 일본의 자동차 제조기업 중에서 마지막까지 생존할 기업은 도요타와 혼다라는 것이다. 도요타는 생산력과 영업력을 바탕으로 계속 생존할 것이며 혼다는 기술력을 바탕으로 생존할 것이라는 예측이다. 닛산의 기술력은 회사 내에서만 통용되며 고객의 환영을 받지 못한다는 의미에서 시장의 평가가 낮았다. 닛산의 생존이 가능한지 의문을 가지는 사람이 많았다.

위기에 빠진 닛산에 새로운 경영자로 카를로스 곤이 파견되었다. 프랑스 르노 부사장 출신인 곤은 닛산의 상징과도 같은 무라야마 공장을 포함한 여러 공장을 폐쇄했다. 직원 2만 명 이상을 감축하고 구매비용도 20% 삭감했다. 이러한 조치는 자동차업계 전체를 뒤흔들 정도로 파괴력이 있었다. 그러나 곤이 실행한 내용 중에서 가장 효과적이고 인상적인 것은 직원에 대한 부분이었다. 모든 직원이 스스로 책임과 권한을 명확하게 이해하도록 요구했다. 직원 각자가 스스로의 목표를 정하고 이를 반드시 실행하게 했으며 그 결과는 인사고과에 반영했다. 곤은 기업의 재생을 위해서 기술개발이 아니라 기업문화에 착안하고 이를 바꾸려고 노력했다.

제3자의 관점에서 보면 당연하다고 할 만한 조치다. 그러나 오랜 역사를 가진데다 시장에서 높은 매출을 올리고 있던 기업이라면 경영위기가 왔다고 해서 금세 문화를 바꾸고 체질을 바꾸지는 못한다. 체질을 바꾸는 것보다 폐업하는 게 오히려 쉬울 정도다.

이처럼 쉽지 않은 변화를 실행하기 위해서 곤은 중견간부 600명과 각각 30분 이상씩 면담했다. 면담 내용은 간단하다. 닛산의 문제가 무엇인지 물어보고 앞으로 어떻게 해야 할지 의견을 듣는 것이다. 모든 중견간부는 자신의 관점에서 회사의 문제점을 이해하고 있다. 딱히 어느 한 사람의 의견만 옳다고 하기는 어렵다. 대개 회사가 어려워진 이유는 여러 가지 원인이 복합적으로 작용했기 때문이다.

곤은 다양한 의견을 들으면서 닛산의 문제점을 파악했다. 이와 동시에 각 직원의 역량도 평가할 수 있었다. 문제점을 이해하고 이것의 해결방안을 제시하는 수준을 보면 그 직원의 역량도 드러나기 마련이다.

경영자와 중견간부의 개별 면담은 회사 내 양방향 소통을 가능하게 했다. 그전까지 경영자의 방침은 직원에게 하달되었지만 직원의 의견이 경영자에게 상달되기는 어려웠다. 경영자와 직원의 중간에 위치한 중견간부는 양측을 연결하는 허리다. 허리가 튼튼해야 조직이 강해진다. 중견간부들은 자신의 역량을 발휘했다. 곤은 현장직원에게도 일일이 말을 걸었다. 그러면 직원은 자신의 업무가 무엇인지 즉시 대답했다. 자신의 존재가치를 밝히지 못하면 무능하다고 평가받기 때문이다. 직원이 변하면서 닛산은 다시 살아났다.

반면 직원이 절망하면서 회사를 죽인 사례도 있다. 일본의 아쿠리 푸드라는 기업인데 2001년 설립되어 680명 이상의 직원이 4000억 원 가까운 매출을 올리는 식품제조회사였다. 과거형으로 표현한 이유는 2014년에 사라지고 더 이상 존재하지 않는 기업이기 때문이다. 한때는 잘나가던 기업이 사라진 것은 어느 직원의 무모함에서 비롯됐다.

이 직원은 8년 동안 근무했지만 상사와 사이가 좋지 않았다. 회사에서 그런 경우는 드문 일이 아니지만 이 직원이 한 행동은 상상을 초월했다. 자신이 일하는 식품제조 라인에 농약을 살포한 것이다. 이유는 어이없게도 상사를 골탕 먹이기 위해서였다. 이 직원은 스프레이 향수병에 농약인 마라치온을 혼입한 용액을 넣었다. 그리고 제조라인으로 몰래 숨기고 들어가서 제조 중이던 식품에 농약을 뿌렸다. 이 직원이 생각했던 것은 라인을 멈추게 하면 상사가 난처해질 것이라는 시나리오였다. 제품생산 현장에서 라인이 멈춘다는 것은 매우 큰일이다. 생산하는 일정에 차질을 줄 뿐만 아니라 새롭게 라인을 가동하기 위해서는 많은 노력이 필요하기 때문이다. 라인이 멈추면 기업으로서는 큰 손해를 보게 된다. 결국 이 직원이 생각했던 대로 제조라인은 8개월 동안 가동을 중단했다. 그러나 그 후에 전개된 사건은 이 직원의 시나리오를 크게 벗어난 것이었다.

농약이 들어간 식품이 유통되자 시장에서는 대혼란이 일어났다. 설사와 구토를 했다는 클레임이 도쿄에서만 5,000건 이상 들어왔다. 기업은 급히 94종 640만 개 제품을 회수했다. 기존의 제조라인을 걷어내고 완전히 새롭게 설치했으며 거의 모든 공정을 자동화했다. 근본적으로 라인 위의 제품에 손을 댈 수 없도록 만든 것이다. 만약 라인 근처에 사람이 다가오면 적외선 센서가 작동해서 경고음을 내도록 했다. 사건이 일어나기 전에는 제조현장에 감시 카메라가 5대 설치되어 있었으나 사건이 일어난 후에는 172대로 늘려서 사각지대를 완전히 없앴다. 사건을 일으킨 직원은 징역 3년 6개월의 중형을 선고 받았다.

이 사건이 발생하고 나서 기업은 고객의 신뢰를 회복하기 위해 막대한 비용과 시간을 쏟아부었다. 그러나 끝내 고객의 신뢰를 회복하지는 못했다. 아무리 노력해도 고객의 마음속에 남아 있는 눈물을 지우지 못한 것이다. 결국 이 기업은 망해서 역사 속으로 사라지고 말았다.

어떻게
기대감을
주는가

CHAPTER
5

겉모습이 중요한 이유

- -

0.5초의 첫인상이 기업의 성패를 좌우한다

만약 낯선 곳에서 지나가는 사람에게 길을 물어본다면 누구에게 물어볼까? 주변에는 현지인으로 보이는 사람이 여럿 있다. 어린이부터 노인까지 다양하다. 이중에서 누구에게 다가갈지 정해야 한다. 낯선 곳에서는 아무에게나 다가가서 길을 묻지 않는다. 이것은 동물적인 본능이다.

내 경우에는 주변에 있는 사람들의 겉모습을 보면서 누구에게 길을 물어볼지 생각한다. 약간 마른 체형에 얼굴이 갸름하고 안경을 끼고 있는 사람은 명석하지만 약간 신경질적으로 보인다. 내가 찾는 곳이 법원이라면 저 사람에게 물어보겠는데 식당이어서 말을 붙이기가 좀 망설여진다. 눈꼬리가 올라간 여성은 왠지 불친절할 것 같아서 망설여진다. 이렇게 주변을 두리번거리다가 마침내 한 사람을 찾았다. 눈이 동그랗고 얼굴이 통통한 사람이다. 겉모습만으로는 붙임성이 있어 보여 이 사람에게 식당을 물어보기로 한다. 모르는 사람이지만 짧은 순간에 느낀 첫인상이 좋으면 왠지 친절할 것 같다고 생각한다. 내가 여기까지 생각하는 데 걸린 시간은 얼마나 될까?

미국 프린스턴대학교의 심리학 연구에 따르면 첫인상은 0.5초에 결정된다고 한다. 처음 보는 사람의 사진을 보고 느낀 첫인상만으로 이 사람이 친절할지 불친절할지 판단하는 데 0.5초가 걸린다는 것이다. 첫눈에 반하는 데 0.5초 걸린다고 하니 이 시간 동안 이성적으로 냉정하게 판단하기에는 무리가 있어 보인다. 이런 상황이라면 처음 보는 사람의 겉모습이 나의 선입관에 영향을 줄 수밖에 없다.

낯선 곳에서 어떤 사람에게 길을 물어볼지 판단하는 기준은 그 사람의 겉모습이다. 흔히 사람을 겉모습만 보고 판단하지 말라고 한다. 그러나 우리는 많은 경우에 자신의 경험을 바탕으로 다른 사람의 겉모습을 보고 판단한다. 만약 처음 보는 사람이라면 당연히 겉모습만 보고 판단할 수밖에 없다. 겉모습은 패션이나 얼굴 생김새만이 아니라 표정, 복장, 체격, 동작, 목소리, 냄새와 같이 다양한 요소를 포함한다.

겉모습은 비언어 소통수단이다. 앨버트 머레이비언(Albert Mehrabian)의 연구에 따르면 소통을 위한 수단으로는 언어와 비언어가 있는데 언어로는 7%밖에 전달하지 못한다. 그래서 대부분의 소통수단은 언어가 아니다. 언어를 제외한 나머지 93%는 얼굴 표정이나 목소리와 같은 비언어다. 93%를 다시 구분해보면 표정으로 55%를 전달하며 38%는 목소리의 높낮이와 크기와 빠르기를 이용해서 전달한다. 우리는 평소에 언어를 사용해서 다른 사람들과 소통한다고 생각하지만 사실은 그렇지 않다는 것이 메라비언의 연구결과다. 언어로 전달하는 것이 극히 일부분에 불과하다 보니 언어만으로는 상대방에게 신빙성이나 신뢰감을 주기 어렵다. 그래서 사람들은 궁리를 한다. 언어로 표현할 수밖에 없는 경우에는 슬로건처럼 단문으로 간결하게 표현하고 나머지는 얼굴 표정이나 목소리로 표현하는 것이다.

정치가 중에도 단문으로 호소하는 방식을 선호하는 사람이 많다. 일본의 전 총리 고이즈미 준이치로가 좋은 사례인데 그가 남긴 말 중에서 특히 유명한 것이 있다. 2001년 스모대회에 참석해서 우승자인 다카노하나에게 커다란 우승 트로피를 넘겨주면서 한 말이다. "잘 싸웠다. 감동했다."

다카노하나는 스모 역사상 가장 많은 인기를 얻었던 선수다. 인기모델이던 미야자와 리에와의 파혼소동으로 우리나라에도 많이 알려진 선수다. 이 선수가 시합 중에 무릎 부상을 당해 잘 걷지도 못할 정도가 되었다. 그러나 선수생명이 끝날지도 모르는 위험을 무릅쓰고 설승시합에 잠가해 결국 우승을 차지했다. 팬들은 모두 이런 사정을 잘 알고 있었다. 이런 상황에서 시상식에 참석한 고이즈미 총리는 단 두 마디의 치사를 한 것이다. 그리고 너무 무거워서 웬만한 사람은 혼자 들지도 못하는 대형 트로피를 어깨에 메고 거의 넘어지다시피 하면서 우승자에게 건네주었다. 단 두 마디의 치사와 무거운 트로피를 간신히 드는 총리. 이 모습은 일본 국민들에게 강한 인상을 주었으며 고이즈미가 장수총리가 되는 데 큰 영향을 미쳤다.

만약 고이즈미가 우승자의 부상을 구구절절 장황하게 설명하고 그럼에도 불구하고 시합에서 잘 싸웠다고 칭찬했다면 오히려 팬들의 감동이 적었을 것이다. 고이즈미 역시 대부분의 정치가와 다를 바 없다는 인상을 남겼을 것이고 다른 총리들처럼 단명에 그쳤을 것이다. 어느 나라에서나 정치가들은 대부분 말이 많다. 하지만 정작 국민들이 듣고 싶어 하는 말은 하지 않는다. 그러다 보니 어느 정치가가 어떤 말을 했는지 기억에 남지 않는다. 그런데 고이즈미는 단 두 마디의 축사로 많은 사람들의 가슴속에 깊은 인상을 남겼다. 이런 고이즈미의 별명은 '괴짜'다.

같은 말이라도 어떤 사람이 말하면 더욱 믿음이 간다. 내용은 차치하고라도 그 사람의 태도에서 신뢰감을 느끼는 것이다. 강연회에서 어떤 사람이 설명하면 이미 알고 있는 내용이어도 왠지 굉장한 전문가의 강의를 들은 것 같아 만족감이 높을 때가 있다. 이런 느낌은 대부분 강사가 말하는 태도나 표정 등 겉모습에서 나온 것이다. 사람의 지식이나 경험은 겉모습에 드러나기 쉽다.

사람을 처음 보는 순간에 겉모습을 보고 선입관을 갖는 것처럼 고객은 기업에 대해 선입관을 갖는다. 그래서 어느 기업의 직원은 추진력이 있다거나 어느 제품은 좋은 재료를 사용한다고 말한다. 기업의 직원 중에 아는 사람이 있거나 그 제품을 사용해본 고객만 이렇게 말하는 것이 아니다. 해당 기업의 직원을 만나거나 해당 제품을 사용해본 적이 없는 경우에도 이렇게 말한다. 사실 그들은 이 기업에 대해서 아는 게 거의 없다. 그저 언론에서 보았거나 다른 사람들이 말한 것을 들은 것밖에 없는데 자신도 모르는 사이에 선입관이 생긴 것이다.

선입관이 중요하다는 것은 매장에서도 통용되는 발상이다. 처음 가는 매장이라면 입구가 마음에 들어야 안으로 들어간다. 어느 지역을 처음 방문한 사람은 대개 역이나 공항에 내리는 순간 그 지역에 대한 선입관을 갖게 된다. 입구는 기업에서도 크게 신경쓰는 부분이다. 본사 빌딩을 소유한 기업에서는 입구와 로비는 최대한 멋있게 치장하려고 노력한다. 고객은 입구에 들어서는 순간 기업의 수준을 평가하고 그에 따라 나름의 선입관을 형성한다. 사무실 안으로 들어가서는 실내 인테리어를 보고 기업의 수준을 판단한다. 지나가는 직원의 겉모습을 보고도 판단한다. 직원 역시 고객의 겉모습만 보면서 까다로운 고객인지 아닌지 순식간에 판단한다. 이렇게 서로를 판단하는 데 0.5초가 걸린다. 동물들이 서로 노려보면서 상대방을 판단하는 것과 비슷하다. 이런 선입관은 모두 겉모습에 따른 것이다. 실제로는 어떤지 아직 모른다. 그러나 우리 모두는 이 선입관을 생각보다 오랫동안 기억하고 있다.

겉모습은 전략이다

겉모습을 중시하는 인간의 본능을 역으로 이용하면 우리는 의도적으로 겉모습을 연출할 수 있다. 경영자의 겉모습은 기업의 이미지 그 자체다. 고객은 경영자의 겉모습을 보고 기업에 대한 선입관을 가지게 된다. 경영자가 자신의 겉모습을 전략적으로 연출하고 그 결과 기업의 실적이 좋아진 사례 중 으뜸은 애플의 스티브 잡스일 것이다. 그가 신제품을 발표할 때 복장은 항상 청바지에 티셔츠 차림이었다. 이러한 복장과 과거에 그가 히피문화를 즐겼다는 등의 소문이 결합해 특징적인 겉모습을 연출한다. 이 모습을 좋아하는 고객은 자발적으로 애플의 단골고객이 된다.

　스티브 잡스의 겉모습은 고객에게 주는 애플의 메시지다. 기존의 틀에 얽매이지 않고 자유를 갈구한다는 것. 그래서 다른 IT

기업 경영자들도 신제품을 발표할 때 스티브 잡스의 복장을 흉내 내기도 한다. 스마트폰이나 태블릿과 같은 제품은 관습에서 탈피하고 자유를 추구한다는 이미지가 강하기 때문이다. 그러나 그렇다고 해서 스마트폰 신제품을 발표하는 모든 기업의 경영자가 비슷한 복장을 하는 것은 이해하기 어렵다. 스마트폰 신제품 발표회장에 정장을 입고 넥타이를 매고 중절모를 쓰고 나와서 제품의 안정성과 신뢰성을 강조하는 경영자는 어떤가? 오히려 더 믿음이 갈 수도 있다. 문화와 지향하는 목표가 서로 다른 기업이 신제품을 발표하는 분위기만 똑같으면 오히려 위화감을 준다.

고객은 제품에 대해서도 겉모습을 중시한다. 예를 들어 자동차에 관한 기사를 찾아보면 같은 독일 자동차라도 어떤 나라에서는 졸부의 이미지가 있다. 이 차를 타는 사람들이 사회적으로 지탄받는 사고를 많이 일으켰기 때문이다. 같은 자동차가 어떤 나라에서는 젊은 나이의 전문직 남성이 즐긴다는 이미지를 가지기도 한다. 미국 자동차의 일부 모델은 일본에서는 폭주족이 탄다는 이미지가 있다. 아르바이트로 돈을 모은 청년들이 이 자동차를 구입해서 무리를 지어 몰려다니며 굉음을 내고 소란을 피우기 때문에 주민들이 싫어한다.

초두효과(primary effect)라는 게 있다. 어떤 사람을 여러 번 만나더라도 그 사람에 대한 첫인상은 쉽게 바뀌지 않는다는 의미다.

어떤 사람에 대한 첫인상이 강하면 그 이미지를 바꾸기가 쉽지 않은데 이것은 기업에 대해서도 마찬가지다. 고객이 어떤 기업에 대해 가지고 있는 첫인상은 쉽게 변하지 않는다. 기업의 마케팅만으로 고객이 가진 첫인상을 바꾸기는 어렵다. 그러므로 기업은 고객에게 어떤 첫인상을 줄지 생각해야 한다. 체인 매장이 많은 기업이라면 고객이 어떤 매장을 처음 방문하는지에 따라 첫인상이 달라질 수 있다. 모든 매장에서 고객에게 똑같은 첫인상을 주기는 어렵다. 왜냐하면 고객에게 가장 강렬한 인상을 주는 것은 직원인데 직원은 매장마다 다르기 때문이다.

모든 매장에서 고객에게 완전히 동일한 첫인상을 줄 수는 없지만 어느 정도 유사한 첫인상을 줄 수는 있다. 예를 들어 일본의 생활잡화 브랜드인 무인양품은 어느 매장에서나 매뉴얼을 철저하게 실행해 고객에게 동일한 인상을 주려고 한다. 1989년에 설립된 이 기업은 직원 1만 2000여 명과 25개국에 700개 이상의 매장을 가지고 있다. 이 기업도 처음에는 좋은 제품을 저렴한 가격에 판매하는 것을 중시했다. 그러나 불경기가 계속되면서 경영위기를 맞았다. 기업의 관점에서는 좋은 제품을 저렴하게 판매한다고 하지만 고객의 관점에서 보면 그 정도 제품을 더 저렴하게 판매하는 곳은 여러 곳이 있다. 그래서 매출이 줄어들고 위기를 맞이했다. 결국 이 기업은 전체 매장의 10% 이상을 폐쇄하고 팔고 남은 380억 원 이상의 재고를 소각했다. 그런데 이런 노력에도 불구하고 위기가 계속되었다.

무인양품에서는 모든 것을 원점에서 다시 질문했다. "우리는 정한 것을 정한 대로 하고 있는가?" 이렇게 질문하고 보니 현실은 정반대였다. 제대로 정하지 않았으며 정한 것을 그대로 실행하지 않았다. 이유는 다양하다. 모든 것을 미리 정하는 것은 불가능하다, 한번 정했다고 해서 그대로 해야만 하는 것은 아니다, 현장에서는 임기응변이 중요하다 등등.

무인양품은 문제점을 바탕으로 개선방안을 찾았다. 바로 매뉴얼에 기초한 경영이다. 직원들은 모든 업무에 대해서 철저하게 매뉴얼을 만들었다. 원칙은 간단하다. 매뉴얼로 정하고 정한 대로 실행한다. 여기에는 함정이 있다. 대부분의 기업에서 매뉴얼은 한 번 만들고 나면 몇 달이고 개정되지 않는다. 그러는 동안 외부환경은 계속해서 변한다. 환경이 크게 바뀌고 나서야 매뉴얼이 개정되는데 이런 상태라면 매장에서는 매뉴얼에 정한 대로 실행하지 못한다. 매뉴얼로 정하기는 했지만 정한 대로는 실행하지 못하는 구조다.

이런 모순을 해결하기 위해서 무인양품에서 도입한 방법은 인트라넷을 이용한 개정이다. 적어도 한 달에 한 번 이상 매뉴얼을 개정하는 것이다. 매뉴얼이 외부환경 변화에 맞춰 같은 속도로 개정되자 매뉴얼의 효과도 자연스럽게 나타나기 시작했다. 매뉴얼에 정한 것을 그대로 실행한 결과 경영실적도 개선되었다. 매뉴얼을 통해서 매장의 유전자가 통일된 것이다. 무인양품에서는 업무의 구조를 만드는 작업이 일과의 90%라고 말한다. 구조가 같으면 고객이 느끼는 인상은 어느 매장에서나 같다. 제품을 진열하는 방법에서 청소하는 방법, 고객을 대하는 자세에 이르기까지 거의 모든 것이 구조화되어 매뉴얼에 담겨 있다. 그리고 모든 직원은 매뉴얼에 정한 그대로 실행한다. 고객은 어떤 매장을 방문하더라도 같은 인상을 받을 수 있다.

대화한다고 소통하는 것은 아니다

고객에게 어떤 상황을 설명할 때 제대로 설명하지도 않고 "제가 하는 말 아시겠죠?"라고 말하는 직원이 있다. 스스로 설명하기 어렵거나 귀찮을 때 적당히 그 설명을 미루는 말버릇이다. 고객에게 이런 식으로 말하면 곤란하다. 어떤 제품에 대해 문의하는 고객에게 "그 제품에는 얼마나 많은 기능이 담겨 있는지 고객님도 아시죠?"라고 되묻는다면 직원에게 문제가 있다. 당연히 고객은 그 상황을 모른다. 혹은 고객이 알고 있다 하더라도 고객과 직원이 알고 있는 상황에는 차이가 있을 것이다.

간단하면서도 구체적인 표현력을 기르고 싶으면 훈련을 하면 된다. 가장 쉬운 훈련은 내 눈앞에 있는 물건을 단문으로 표현하는 것이다. 만약 책상 위에 볼펜이 한 자루 있다고 하자. 그러면 이런 식으로 단문을 100개 만든다. "볼펜이 책상 위에 있다", "볼펜의 심은 하나다", "볼펜의 색은 검정이다", "볼펜은 내가 구입한 것이다", "볼펜은 길이가 15cm다" 이처럼 단문을 써서 표현하면 100개의 문장을 어렵지 않게 만들 수 있다.

복잡한 표현은 추천하지 않는다. "물냉면은 비빔냉면이 맛있는 것보다 더 맛있다"라는 표현은 두세 번 읽어보지 않으면 이해하기 어렵다. 만약 식당에 이런 글귀가 적혀 있다면 고객은 시간을 들여 곰곰이 생각해야 슬로건의 의미를 이해할 수 있다. 이런 노력을 기울이는 고객은 없을 것이다. 그러므로 위의 문장은 이렇게 고쳐야 한다. "비빔냉면은 맛있다. 물냉면은 훨씬 더 맛있다."

고객에게 상황을 설명할 때는 상대방이 알기 쉽도록 쉬운 용어를 사용해서 충실하게 표현해야 한다. 업계에서 사용하는 용어나 약어를 사용하면 안 된다. 많은 식당에서는 "우리 식당에서는 MSG를 전혀 사용하지 않습니다"라고 말한다. 여기서 말하는 MSG는 화학조미료인 글루타민산나트륨이다. 우리나라에서는 최근 건강에 대한 관심이 높아지면서 화학조미료에 대한 찬반양론이 뜨겁다. 그러나 모든 고객이 MSG라는 약어를 화학조미료로 이해하는 것은 아니다. 만약 뉴욕에서 온 고객이라면 실내경기장인 메디슨 스퀘어 가든(MSG)을 생각할지 모른다. 단순히 '메시지'의 영어 단어를 줄인 말이라고 생각할 수도 있다. 그러므로 식당에서는 위의 문장을 이렇게 바꿔야 한다. "우리 식당에서는 화학조미료는 전혀 사용하지 않습니다."

옛말에 "말 한마디로 천냥 빚을 갚는다"라고 했다. 말을 잘하면 큰 빚도 탕감 받을 수 있다고 하니 모두들 말 잘하는 사람을 부러워한다. 그러나 말 한 마디만으로는 충분하지 않다. 만약 빚을 탕감해달라고 부탁하면서 태도가 뻣뻣하거나 목소리가 강압적이면 누가 빚을 탕감해주겠는가? 말을 많이 한다고 해서 내가 전하고 싶은 내용을 다 전한 것도 아니다. 태도나 표정, 말투와 동작이 어떤지에 따라 상대방이 받아들이는 정도는 전혀 다르다. 백화점과 같은 접객시설에서 고객의 클레임이 많은 것도 바로 이 부분이다. 직원은 "말로 이미 사과했다"고 항변한다. 그러나 고객은 "전혀 사과하는 태도가 아니었다"라고 주장한다. 직원은 언어로 충분히 소통했다고 느끼지만 고객은 직원의 동작과 시선, 표정이나 음성과 같은 비언어를 더 중요한 소통 요소로 본 것이다. 말 한마디에는 그만큼의 가치가 있을 뿐이다. 천냥 빚을 갚으려면 적극적이고 성실한 태도가 함께 따라야 한다.

앞에서도 말했지만, 소통에는 콘텐츠와 콘텍스트가 있다. 콘텐츠는 말이나 글로 명확하게 전달된 내용이다. 콘텍스트는 공간, 상황, 거리감, 맥락, 의미, 분위기와 같이 명확하게 전달하기 어려운 내용이다. 소통은 문화의 영향을 크게 받는데 문화적인 특성을 하이 콘텍스트(high context)와 로 콘텍스트(low context)로 나누기도 한다. 에드워드 홀(Edward T. Hall)의 연구에 따르면 하이 콘텍스트 문화를 가진 국가는 일본, 중국, 한국이다. 그리고 아프리카, 미국, 유럽의 순서로 가면서 로 콘텍스트 국가가 된다.

우리나라는 하이 콘텍스트 문화를 가지기 때문에 대화만을 소통이라고 말하지 않는다. 소통할 때는 말이나 글을 사용해서 정확하고 논리적으로 설명하지도 않는다. 그러면서 다 말했다고 생각한다. 전혀 말을 하지 않아도 서로 얼굴만 보면 상대방이 무슨 생각을 하고 있는지 아는 것이 우리나라의 소통 방식이다. 상대방의 얼굴을 한 번 쳐다보고는 물 위에 버들잎을 띄워주는 행동은 하이 콘텍스트 문화에서만 가능하다. 로 콘텍스트 문화를 가진 국가에서는 통하지 않는 방식이다.

하이 콘텍스트 문화에서는 소통이 잘되는 것이 좋은 관계다. 이런 문화에서는 회의에 참석하면 분위기를 파악하기 전까지는 우선 애매하게 미소지으며 구체적인 답변을 피한다. 가정에서 요리를 할 때도 소금을 조금 넣는다고 말한다. 조금이라는 게 구체적으로 1g인지 5g인지는 말하지 않는다. 처음부터 생각한 적이 없다고 하는 게 맞는지도 모르겠다. 과학 실험을 하면서 구체적인 숫자를 말하지 않고 용액을 조금만 넣는다고 말하는 학생도 있다.

일본에서는 분위기에 어울리지 않는 엉뚱한 발언을 하는 사람에게 제발 "공기를 읽으라"고 충고한다. 눈에 보이지 않는 공기를 어떻게 읽을까? 이 충고를 받아들일 수 있는 사람은 하이 콘텍스트 문화를 이해하는 사람이다. 친구가 전화를 걸어서 "요즘 바쁘냐?"고 물어본다면 하이 콘텍스트를 지닌 사람은 이 친구가 왜 전화했는지 그 의도를 생각한다. 로 콘텍스트를 지닌 사람은 단순히 바쁜지 아닌지에 대해서만 답한다. 하이 콘텍스트 문화에서는 아무 말 하지 않아도 기업이 고객의 입장을 이해해주기를 바란다. 기업 역시 고객이 기업의 입장을 이해해주기를 바란다. 그러나 로 콘텍스트 문화에서는 기업과 고객이 각자의 입장을 명확하게 표현한다.

한국 학생들은 질문하지 않는다는 비판이 많다. 비단 학생뿐이겠는가. 우리나라 사람들은 직장에서도 거의 질문하지 않는다. 이를 교육의 폐해라고 비판하는 사람도 있다. 일방적으로 암기를 강요하는 교육의 폐해라는 것이다. 그러나 이는 우리나라가 하이 콘텍스트 문화이기 때문이다. 오랫동안 형성된 하이 콘텍스트 문화에서는 선생님이나 상사에게 자유롭게 질문하기가 어렵다. 일본도 마찬가지다. 학생들은 선생님에게 질문하지 않고 직원들도 상사에게 질문하지 않는다. 일본 기업에서는 선배의 기술은 배우는 게 아니라 훔치는 것이라고 한다. 질문하고 답하면서 지식을 쌓아가는 게 아니라 선배의 동작을 보면서 스스로 이해하고 판단하면서 자신의 것으로 만들라는 것이다.

이런 현실에 문제의식을 느끼는 기업은 직원을 채용할 때 소통능력을 중시한다. 하이 콘텍스트건 로 콘텍스트건 소통을 잘하려면 언어 능력만이 아니라 비언어 능력도 중요하다. 자신의 의도를 제대로 전달하고 상대방의 의도를 제대로 받아들일 수 있어야 소통이 가능하기 때문이다. 소통은 마치 외국어를 배우는 것과 같다. 상대방이 무슨 말을 하는지 그 의도를 알아야 대답을 하거나 대화를 이어나갈 수 있다. 나 혼자 오랫동안 어려운 말을 한다고 해서 외국어를 잘하는 것이 아니다. 상대방과 소통을 해야 그 외국어를 잘하는 것이다. 소통은 웅변이 아니다. 기업도 그렇다. 기업이 일방적으로 정보를 발신해봐야 고객은 전혀 귀를 기울이지 않는다. 소통의 시작은 듣는 것이다.

비언어 소통에는 목소리도 중요한 역할을 한다. 목소리 톤이 낮은 직원이 고객에게 전화를 걸면 잘 알아듣기 어렵다. 목소리에 힘이 없으면 아픈 사람 같은 인상을 준다. 그러므로 고객에게 전화를 걸 때는 직접 대면하는 것보다 목소리의 톤을 약간 높이는 게 좋다. 긴장하면 목소리가 높아진다. 일을 잘하는 사람은 목소리에 힘이 있고 자신감이 묻어 있다. 높은 목소리는 사람을 흥분시킨다. 개그 프로그램의 출연자는 높은 목소리를 내서 시청자를 흥분시킨다.

목소리는 훈련에 의해서 얼마든지 바꿀 수 있다. 아나운서를 희망하는 사람이 발성연습을 하는 장면을 본 적이 있는가? 매일 성대근육을 단련시키면 침착한 목소리가 나온다. 신문을 읽고 녹음해서 스스로 자신의 목소리를 들어보는 것도 좋은 훈련방법이다. 말과 말 사이에 뜸을 들이는 것도 좋다. 아나운서가 낮은 목소리로 차분하게 말하면 듣는 사람의 마음을 편안하게 달래는 효과가 있다. 목소리가 크거나 높은 사람은 스스로 목소리를 차분하게 낮추는 연습을 할 필요가 있다. 많은 사람이 모인 곳에서 큰 목소리나 높은 목소리로 말하는 것은 대부분 매너에 어긋나는 행동이기 때문이다.

기업과 고객이 제대로 소통하면 전혀 새로운 형태의 관계가 만들어진다. 어느 지방의 신문 판매소에서는 배달원과 고객이 새로운 관계를 만들어가는 사례가 있다. 이 판매소에서는 배달원이 지역주민의 안부를 확인한다. 지역에 독거노인이 늘어나고 있는 요즘 배달한 신문이 다음 날에도 문 앞에 그대로 있으면 주의를 기울인다. 만약 이틀 동안 신문이 그대로 있다면 우선 집에 가서 문을 두드린다. 아무런 기척이 없으면 즉시 경찰에 연락한다. 안에서 인기척이 나면 문을 열고 들어가 무슨 문제가 있는지 물어보고 도움을 준다. 쓰레기를 버리거나 반찬을 사다주기도 한다. 집안의 가구 위치를 바꿔주기도 하고 전구를 교환해주기도 한다. 이런 일들은 건강한 사람에게는 아무것도 아니지만 고령자에게는 큰일이다. 독거노인들의 입장에서 누군가 자신을 지켜주는 것처럼 큰 위안이 되는 일도 없다.

배달원은 고객과의 관계가 깊어지면서 공동노트를 만들었다. 고객은 도움받기 원하는 내용을 노트에 적는다. 배달원은 이 노트를 보고 도와주러 온다. 노트는 기업과 고객을 이어주는 중요한 소통수단이 되었다.

웃음은 기업이 할 수 있는 최고의 차별화 요소

사람의 겉모습에서 가장 중요한 요소는 얼굴 표정이다. 여기서 중요한 것은 얼굴 생김새가 아니라 표정이다. 잘생긴 얼굴이지만 험악하게 인상 쓰고 있는 표정을 보면 쉽게 말을 걸기 어렵다. 조금 험악하게 생긴 얼굴이라도 티없이 맑게 웃고 있다면 즐거운 마음이 전염된다. 직원의 표정을 보면 어떤 마음으로 일하고 있는지 알 수 있다. 즐거우면 저절로 즐거운 표정이 되고 귀찮고 힘들면 저절로 인상 쓰는 표정이 된다. 그런데 반대방향도 가능하나. 먼저 즐거운 표정을 지으면 점차 일이 즐거워지고 먼저 인상을 쓰면 이상하게 일이 귀찮고 힘들어진다.

그러므로 기업에서는 직원들에게 웃는 훈련부터 철저하게 시켜야 한다. 고객을 호감가는 인상으로 맞이하는 것은 접대의 기본이기 때문이다. 좋은 표정을 지으면 고객에게서 좋은 반응이 온다. 만약 고객에게서 좋은 반응이 오면 그때 좋은 표정을 짓겠다고 생각한다면 이는 순서가 뒤바뀐 것이다. 웃는 훈련은 입에 젓가락을 물고 거울을 보면서 한다. 입을 크게 벌림과 동시에 눈이 웃고 있는지 확인한다. 직원이 고객을 보고 웃는 것은 자신은 물론이고 기업에도 호감을 가지도록 하기 위해서다. 호감을 갖게 되면 결과적으로 단골고객이 될 가능성이 높다. 고객이 실제로 호감을 가지는지는 알 수 없다. 그러나 직원은 계속해서 웃어야 한다. 직원의 얼굴은 기업의 얼굴이기 때문이다.

사람이 이 세상에 태어나서 가장 먼저 하는 일은 우는 일이다. 아기는 태어나면서 운다. 그래서 그런지 경력이 오래된 연기자라도 우는 연기가 쉽고 웃는 연기는 어렵다고 한다. 웃는 모습을 만들 수는 있지만 누가 보더라도 정말 웃고 있는 표정을 만들기는 쉽지 않기 때문이다. 갓 태어난 아기는 처음에는 표정이 없지만 시간이 지나면서 얼굴에 표정이 생긴다. 울고 웃고 인상을 쓰는데 웃는 표정은 우는 것보다 훨씬 뒤에 생긴다. 직원이 훈련을 해서 얻은 웃음은 일종의 연출이다. 이는 본능이 아니다. 그러나 매일 반복해서 훈련하고 끊임없이 웃는 연습을 하면 이 웃음은 습관이 된다. 훈련에 의한 연출이 나도 모르는 사이에 습관이 되고 마침내 본능으로 변한다. 항상 웃는 표정을 짓다 보면 나도 모르게 항상 웃게 된다.

입으로는 "안녕하세요"라고 말하면서 얼굴도 웃고 있지만 만약 눈이 웃지 않는다면 진짜 웃는 게 아니다. 입으로 어떤 말을 하든 눈이 인상을 쓰고 있다면 이는 인상을 쓰고 있는 것이다. 고객이 불만을 가지는 내용 중에 직원이 인상을 써서 불쾌하다는 내용이 많다. 직원에게 물어보면 "제대로 인사를 했고 고객을 정중하게 대했다"고 항변한다. 대부분 직원의 눈이 웃지 않아서 생기는 문제다. 이 문제를 해결하려면 직원은 웃는 훈련을 더 많이 해야 한다. 고객을 대하기 전에는 반드시 거울을 보고 눈이 웃고 있는지 목소리는 침착한지 확인한다. 고객을 대하는 기본은 웃음이고 정말 웃고 있는지 말해주는 것은 눈이다.

웃음은 전염성이 강하다. 잘 웃는 사람과 함께 있으면 저절로 웃게 된다. 웃음은 기업에게나 개인에게나 가장 쉬우면서도 가장 어려운 차별화 요소다. 직원이 진정으로 웃으려면 일하는 게 행복해야 한다. 그리고 내가 좋고 가족이 좋고 이 세상이 좋아지는 일을 하고 있다는 신념이 있어야 한다. 이런 관점에서 좋은 사례가 있다. 일본의 외식업체인 반도타로라는 기업이다. 이 기업에서 운영하는 식당체인은 우동이나 초밥과 같은 음식을 판매하는데 노인에서 어린이에 이르기까지 가족단위로 많이 찾는다. 이 기업에서는 직원에게 효도를 강조한다. 부모에게 잘하지 못하는 직원이 어떻게 고객에게 잘하겠냐는 논리다. 기업에서 효도교육을 받은 직원은 노인고객이 오면 마치 부모가 온 것처럼 활짝 웃으면서 맞이한다. 이 웃음이 가장 큰 차별화 요소다. 이런 웃음이 좋으니까 식사시간에는 한 시간씩 기다려서라도 우동 한 그릇 먹으려는 고객들이 줄을 선다. 이 기업은 효도와 함께 지역밀착을 철저하게 실천한다. 모든 상거래는 그 지역의 기업과 하는 것이다. 식자재 구입에서 인테리어 공사, 직원채용에 이르기까지 식당이 위치한 지역 내에서 해결하는 것을 원칙으로 한다. 그러니 지역 주민 입장에서는 이 식당이 얼마나 반갑고 친근하겠는가?

　웃음이 아닌 다른 것을 차별화 요소라고 생각해서 추진했지만 결국 차별화를 이루지 못한 사례가 있다. 일본 나고야의 커피숍이다. 이 지역에는 다른 곳에는 없는 특별한 메뉴가 있다. 모닝 서비스라고 이름 붙인 메뉴다. 커피 한 잔을 주문하면 토스트, 샐러드, 디저트를 추가로 제공한다. 여기에 더해서 국, 밥, 계란프라이 혹은 삶은 계란을 제공하는 곳도 있다. 혹은 뷔페식으로 고객이 먹고 싶은 만큼 마음껏 식사할 수 있게 한 곳도 있다. 이렇게 제공하고 커피 한 잔 값만 받는다. 일본에서 유일하게 나고야에만 이런 메뉴가 있다.

왜 이런 메뉴가 개발되었는지는 불분명하다. 누가 처음에 시작했는지도 불분명하다. 지금은 나고야의 거의 모든 커피숍에서 이 메뉴를 제공하고 있기 때문에 다른 도시에는 없는 나고야만의 특별한 메뉴가 되었다.

추측컨대 아마 처음에는 어느 커피숍이 다른 곳과 차별화하기 위해서 커피를 주문한 고객에게 토스트를 제공했을 것이다. 이를 본 경쟁기업에서는 추가로 샐러드를 제공했고 또 다른 경쟁기업에서는 여기에 추가로 계란프라이를 제공했을 것이다. 이렇게 추가에 추가를 거듭하다 보니 지금은 커피보다 추가로 제공하는 메뉴가 중심이 되었다.

나고야와 다른 지역을 비교한다면 이는 커다란 차별화 요소다. 그러나 나고야 지역만 한정해서 본다면 업계의 상식일 뿐이다. 커피를 주문한 고객에게는 최대한 많은 먹을거리를 추가로 제공한다는 상식이다. 이러한 차별화는 아무런 의미가 없다. 나고야의 모닝 서비스가 얼마나 많이 나오는지는 검색 사이트나 유튜브에서 나고야 커피숍을 키워드로 검색하면 자세히 볼 수 있다.

기업 중에는 연예인 이름을 걸고 영업하는 곳이 있다. 연예인이 이름만 빌려주고 정기적으로 로열티를 받는 경우도 있고 연예인이 직접 운영하는 경우도 있다. 어느 쪽이든 연예인 이름을 차별화 요소라고 생각한다. 처음에는 고객도 관심을 가진다. 매스컴에서 취재를 하면 광고효과도 있다. 그러나 제품의 품질이 별로라거나 음식 맛이 별로라면 오히려 고객의 평가는 더 나빠진다.

식당에서 할 수 있는 가장 간단한 차별화는 연예인 이름을 내거는 것이 아니라 식사하는 고객에게 밥 한 술 더 주거나 반찬 한 가지 더 내오는 것이다. 그러나 고객에 따라서는 식사량이 적거나 편식하는 사람도 있다. 그러므로 식당에서 밥을 더 주고 반찬을 더 주는 것은 고객에 따라서는 아무런 의미가 없다. 이러한 차별화는 금방 일상적인 풍경이 된다. 처음에는 즐거워하던 고객도 어느 틈엔가 밥을 더 주고 반찬을 더 주는 것을 당연하게 생각한다. 만약 원래대로 돌아가면 고객은 커다란 실망감을 느끼고 불만을 가지게 될 것이다.

처음에는 신선하던 것도 시간이 지나면 당연해진다. 고객은 더 많이 받는 것에 금방 익숙해진다. 커피에 토스트를 추가로 주는 것이나 연예인 이름을 내세우는 것은 차별화 요소임에 틀림없다. 그러나 금세 사라져버리는 요소다. 진정한 차별화는 고객에게 웃음을 보이는 것이다. 고객을 기분 좋게 만들어주는 것이 고객이 가장 원하는 차별화다. 고객이 식당을 찾는 것은 단순히 배가 고프거나 음식이 맛있기 때문만은 아니다. 식당의 분위기를 좋아해야 단골이 된다. 분위기란 직원의 웃는 얼굴, 친절한 접대, 밝은 실내, 깨끗한 식탁 등을 모두 포함한 것이다. 이런 분위기 하나하나는 모두 차별화가 가능한 요소인데 그중에서 으뜸은 역시 웃는 얼굴이다.

형식을 이해하면 본질이 보인다

복장은 메시지다

연예인은 출연하는 작품만이 아니라 평소의 모습으로도 팬과 소통한다. 그래서 공항을 통해서 입국하거나 출국하는 연예인은 소위 공항패션에 신경을 많이 쓴다. 공항패션은 미디어에도 소개되고 네티즌은 열심히 이를 평가한다. 공항패션은 연예인만이 아니라 축구선수에게도 중요하다.

2013년 축구 국가대표팀에 홍명보 감독이 재임하고 있을 때의 이야기다. 감독은 훈련에 소집된 선수들에게 정장을 입고 오라고 했다. 이전에는 각자의 개성을 나타내기 위해서 티셔츠나

찢어진 청바지를 입고 선수촌에 들어왔다. 이런 선수들에게 와이셔츠에 넥타이를 매고 구두를 신으라고 요구한 것이다. 이는 선수의 규율을 중시하겠다는 메시지다. 축구실력과 정장이 무슨 관계가 있냐고 의아해할 수도 있지만 감독의 생각은 다른 데 있었다. 좋은 경기를 하기 위해서는 팀의 결속력과 선수의 규율을 강화해야 한다. 이런 분위기를 만들기 위해서 정장이 필요했던 것이다. 축구선수의 복장을 규제함으로써 마음을 제어하는 효과가 있다고 본 것이다.

이런 복장이 팬에게 주는 메시지는 단결된 모습이다. 당시는 국내파 선수와 해외파 선수가 분열되어 끼리끼리 뭉치고 있다는 소문이 만발한 데다 선수가 감독을 조롱하는 글을 페이스북에 올리는 등 축구 국가대표팀에 대한 팬들의 우려가 매우 심각한 때였다. 그런 상황에서 선수들이 정장을 입고 입소하는 모습은 믿음직하고 조직력이 강한 팀으로 거듭나겠다는 메시지를 전달하기에 충분했다. 실제로 정장을 입고 훈련소에 온 선수들의 마음이 어떠했는지는 모른다. 그러나 복장이 준 메시지는 작지 않았다.

축구선수는 아니지만 외국에 출장 갈 때 일부러 정장을 입는 사람도 있다. 일등석이 아닌 다음에야 정장차림으로 기내에 앉아 있기는 매우 불편하다. 그러나 그런 불편을 감수하는 이유는 입국심사를 받고 세관검사를 받을 때 어떤 복장을 하고 있는지에 따라 상대방의 대응이 달라진다고 믿기 때문이다. 물론 검사원들은 명확한 기준을 가지고 입국자를 검사한다고 말할 것이다. 그렇지만 사람이 하는 일에는 항상 허용오차라는 게 있기 마련이다. 어떤 입국자에 대해서 조금 까다롭게 검사할지 조금 느슨하게 검사할지 애매한 경우에는 상대방의 복장에 따라 판단이 달라질 수 있다. 연예인들이 외국에 갈 때 튀는 복장 때문에 입국심사에서 애를 먹었다는 이야기는 가끔씩 화제에 오르기도 한다.

백의의 천사라고 불리는 간호사는 하얀색 복장이 특징이다. 그러나 요즘 병원에 가보면 대부분의 간호사들이 분홍색이나 하늘색 등 파스텔톤의 간호사복을 입고 있다. 환자에게 안정감을 주려는 노력이다.

예비군 복장도 자주 거론된다. 예비군복을 입으면 아무 곳에나 드러눕고 아무 곳에나 방뇨하고 아무에게나 시비를 걸기 때문이다. 예비군복은 전투하는 복장이다. 예비군복을 입으면 익명성이 생기기 때문에 개인을 상실하고 그 결과 폭력적이거나 비상식적인 행동을 하기 쉽다. 만약 예비군 입소와 출소 시에는 반드시 정장을 입게 하면 행동이 변할지도 모른다.

기업에서도 모든 직원이 같은 근무복을 입으면 개인이 사라지고 하나의 집단이 생긴다. 영업직원이 고객을 만난다면 전략적으로 복장을 정한다. 활발한 움직임이 필요한 업무라면 움직이기 편한 복장을 착용하며 신뢰성이 필요한 업무라면 정장에 넥타이를 맨다. 어차피 어떤 옷이든 입을 것이다. 그러나 같은 값이면 다홍치마라고 했다. 직원의 복장에는 고객에게 주는 메시지를 담아야 한다.

정치가는 자신의 복장을 전략적으로 연출한다. 정치신인들은 항상 같은 복장을 한다. 만약 유권자에게 신뢰감을 준다는 이유로 처음에 감청색 양복을 입었다면 그 후로 몇 년 동안 항상 감청색 양복만 입고 다닌다. 선거 포스터나 명함에도 감청색 양복을 입은 모습을 담는다. 그래야 유권자에게 일관된 인상을 심어줄 수 있기 때문이다.

최근에는 우리나라 정당들도 색을 통일한 복장으로 선거운동에 임한다. 후보자의 복장도 유권자에 대한 메시지로 이용하기 위해서다. 대통령은 어디서 어떤 내용의 연설을 하는지에 따라 복장을 연출한다. 국민에게 어떤 메시지를 주고 싶은지에 따라 색깔도 연출한다. 러시아의 푸틴 대통령은 가죽점퍼를 입고 사냥하는 모습을 연출하거나 유도복을 입고 운동하는 모습을 연출하기도 한다. 국민들에게 강한 지도자라는 인상을 심어주기 위해서다.

매뉴얼의 진정한 목적은 업무의 본질을 익히는 것이다

기업의 형식은 대부분 매뉴얼의 형태로 만들어진다. 매뉴얼은 마치 교과서와 같다. 그 당시에 가장 최적이라고 여겨지는 작업 방식이 정해져 있기 때문이다. 매뉴얼의 어원은 라틴어로 '손에 들고 있는 책'이라는 의미다. 기업에서 매뉴얼을 만들 때는 가급적 글보다 사진이나 그림을 많이 사용해 이해하기 쉽도록 한다. 글은 이해하기 쉬운 단어를 사용한다. 매뉴얼은 누가 보더라도 같은 뜻으로 이해할 수 있어야 한다. 다양한 해석이 가능하다면 잘못된 매뉴얼이다.

매뉴얼을 만드는 목적은 정한 것을 정한 대로 실행하기 위해서다. 기업에서 형식을 정하면 직원은 정한 대로 실행해야 한다. 매뉴얼을 이용하면 초보자라도 처음부터 가장 좋은 방법으로 작업할 수 있다. 매뉴얼에 정한 작업순서와 방법은 그 당시의 시점에서 가장 좋다고 생각되는 것이기 때문이다. 시간이 지나고 환경이 변해 이 방법이 더 이상 최적이 아니라면 즉시 매뉴얼을 수정해야 한다. 매뉴얼은 공정의 낭비를 줄이고 생산효율을 올리는 효과가 있다. 제품의 품질이 개선되고 비용을 절감하는 효과도 기대된다. 직원이 매뉴얼에 정한 대로 작업하면 신체에 무리를 주지 않기 때문에 건강에도 좋다.

현실적으로는 매뉴얼에 대한 비판도 만만치 않다. 이런 사례가 있다. 햄버거 매장에 한 고객이 들어와서는 햄버거 세트 50개를 주문했다. 직원은 실내에서 먹을 건지 포장해서 가져갈 건지 물어본다. 매뉴얼에 이렇게 물어보라고 적혀 있기 때문이다. 그런데 매뉴얼을 비판하는 사람은 직원과 고객의 대화가 이상하다고 지적한다. 한 사람이 햄버거 50개를 주문하면 당연히 포장해달라는 얘긴데 매뉴얼에 적혀 있다고 해서 어디서 먹을 건지 물어보는 건 상식에 어긋난다는 것이다. 매뉴얼대로만 행동하면 직원의 대응에 융통성이 없어진다는 논리다. 그러나 이 경우에도 직원은 매뉴얼대로 해야 한다. 직원이 고객에게 묻지 않고 50개를 모두 포장했다면 이 행동이 잘못된 것이다. 실제로 한 사람이 먼저 와서 주문하고 잠시 후에 49명이 매장에 들어올 수도 있다.

매뉴얼에 대해서 비판할 때 고객을 끌어들이는 경우도 있다. 직원은 로봇이나 기계가 아니므로 매뉴얼에 정한 대로 하는 것은 오히려 고객을 배려하지 못한 행동이라는 것이다. 매뉴얼에 정했다고 해서 무조건 매뉴얼대로만 움직이라고 하면 직원은 업무를 처리하기 어려울 것이다. 그래서 매뉴얼에 없는 내용을 직원이 임기응변으로 처리하기도 한다. 매뉴얼에 정하고 그대로 하는 것은 궁극적으로 고객에게 행복을 주기 위한 것이다. 직원은 매뉴얼의 내용을 기억하고 반복해서 훈련한다. 그러면서 왜 이렇게 하라고 하는지 형식 뒤에 숨어 있는 의도를 이해하려고 노력한다.

형식을 제대로 이해하면 비로소 본질이 보인다. 업무의 본질을 보는 것이 매뉴얼의 진정한 목적이다. 만약 식당에서 음식을 운반할 때 그릇의 아랫부분을 두 손으로 잡으라는 매뉴얼이 있다고 하자. 이 내용의 본질은 청결이다. 음식이 담긴 그릇의 윗부분을 손으로 잡는 것을 불결하게 생각하는 고객이 많다. 실제로 음식 그릇 속으로 손가락이 들어갔다고 클레임이 걸리는 경우도 많다. 고객이 돌아간 후 식탁을 정리하는 직원이 그릇이나 물컵 속으로 손가락을 집어넣고 한 번에 여러 개를 치우는 것을 보면 주변의 고객은 입맛이 떨어진다. 이런 직원은 매뉴얼의 의미와 업무의 본질을 이해하지 못하고 있는 것이다. 본질을 이해하지 못하는 직원일수록 매뉴얼을 비판한다. 직원이 업무의 본질을 이해한다면 그릇의 아랫부분을 두 손으로 잡고 아무리 고객이 붐비더라도 반드시 이대로 실행할 것이다.

사실 기업이 기대하는 것은 여기부터다. 유능한 직원이라면 현재의 상황을 개선할 새로운 방식을 적극적으로 궁리할 것이다. 직원이 궁리해 제안하거나 고객이 클레임을 걸면 이에 해당하는 매뉴얼을 수정한다. 고객의 클레임이 걸린다는 것은 클레임의 내용과 대응방안이 매뉴얼에 없기 때문이다. 만약 매뉴얼에 있는 내용이라면 고객이 클레임을 걸기 전에 제대로 대응할 수 있을 것이다. 클레임이 걸리더라도 이렇게 대응하라는 내용이 매뉴얼에 있으면 그대로 대응하면 된다. 한 번 정하면 정한 대로 하는 것이 매뉴얼이다. 형식을 통해서 업무의 본질을 이해하는 것이 매뉴얼을 따르는 궁극적인 목표다.

고객을 대할 때 역시 형식을 지켜야 한다. 만약 회사를 방문한 고객을 엘리베이터로 안내한다면 직원이 약간 앞장서서 걷는다. 엘리베이터에 함께 탈 때도 직원이 먼저 탄 뒤 내릴 층의 버튼을 누른다. 내릴 때는 고객이 먼저 내리도록 한다. 이렇게 하는 이유는 혹시 있을지도 모를 엘리베이터 사고로부터 고객을 보호하기 위해서다. 자동차에 탈 때도 운전자가 누구인지에 따라 앉는 자리가 정해진다. 만약 운전자가 가장 상급자라면 조수석에 앉는 사람은 두 번째 직위에 있는 사람이다.

형식을 통해서 이면에 숨어 있는 본질을 이해해 성공한 사례가 있다. 어느 일본인 관광객이 남대문 시장을 관광하다가 우연히 안경점에 적힌 문구를 보았다. '제작시간 15분에 가격은 3만 원'이라는 내용이었다. 가격도 가격이지만 어느 나라에도 이렇게 빨리 안경을 만들어주는 안경점은 없다. 그는 과연 이 시간 안에 제대로 된 안경을 받을 수 있는지 확인하고 싶었다. 그래서 실제로 주문을 해보았다. 그리고 전혀 문제가 없는 안경을 구입했다. 그는 남대문 안경점의 형식을 통해서 사업의 본질을 깨달았다. 그러고는 일본으로 가서 진스라는 기업을 설립했다. 이 기업은 현재 일본에서 가장 많은 안경을 판매하고 있는데 전국의 280여 점포에서 연간 550만 개 이상을 판매한다. 각 점포에서는 1,200개 이상의 프레임을 보유하며 10만 원 이하의 가격으로 판매한다.

진스의 차별화 요소는 상품의 다양성과 저렴한 가격이다. 그러나 이 기업의 가장 큰 특징은 빠른 속도다. 고객이 매장을 방문해 안경테와 렌즈를 선택하면 30분 만에 고객에게 완성된 제품을 전달할 수 있다. 특히 세계 최초로 안경 가공 자동화 설비를 개발해 10분이면 안경을 제작할 수 있도록 했다. 이는 안경업계에서 보기 드문 혁신 사례다.

창업자는 혁신의 힌트를 서울의 남대문 시장에서 찾았다고 말한다. 한국에서 빨리빨리 문화를 접하고 충격을 받은 그는 왜 일본에서는 가격이 열 배인데도 며칠이 걸려야만 안경을 받을 수 있는지 고민했다. 그 결과 유통이 문제라는 사실을 확인하고는 이를 해결할 수 있는 방법을 궁리했다.

그가 찾은 방법은 각 점포에 렌즈를 다량 보유하는 것이었다. 이로써 30분 완성을 실현했다. 남대문 시장의 15분에는 미치지 못하지만 280여 점포 어디에서나 30분 완성을 실현한 것은 일본의 복잡한 유통구조를 감안하면 대단히 빠른 속도다. 지금은 미국 시장에도 진출했는데 역시 빠른 속도와 저렴한 가격으로 좋은 평가를 받고 있다. 남대문 시장의 빠른 속도를 관찰하고 그 형식을 파고들어서 속도경영의 본질을 이해한 것이다.

제품을 판매할 때에도 형식을 갖추면 제품의 본질을 알기 수월해진다. 인터넷에서 의류를 판매하는 경우를 보면 우리나라와 일본의 차이점을 발견할 수 있다. 일본의 온라인 의류판매 사이트에서는 키, 어깨넓이, 가슴둘레, 엉덩이둘레, 허리둘레, 소매길이 등 고객의 관점에서 중요하게 생각하는 수치를 기준으로 제품의 크기를 가능한 상세하게 알려준다. 소재의 사진도 함께 보여준다. 만약 발수 가공된 소재라면 물을 한 방울 떨어뜨린 사진을 싣는다. 데이터와 사진을 본 고객은 자신의 신체 크기와 제품의 크기를 비교하기 수월하다.

이에 비해서 우리나라 의류판매 사이트에서는 대부분 모델이 옷을 입은 사진을 보여주며 제품의 크기는 대, 중, 소의 3단계 정도로만 구분한다. 제품의 크기를 숫자로 표시하지 않으면 고객은 이 제품을 실제로 착용해보기 전까지 어느 정도의 크기인지 이해할 수 없다. 소재에 대한 사진이나 설명이 없으면 제품의 촉감이나 질감에 대한 이미지를 가지기도 어렵다.

좋은 형식은 약점을 강점으로 만든다

술을 먹으면 대부분 시끄러워진다. 평소에 조용하던 사람도 갑자기 말이 많아지고 목소리가 올라간다. 그래서 술집은 항상 시끄럽다. 이런 분위기에서는 고객끼리 다툼이 일어나기도 쉽다. 그렇다고 기업에서 모든 고객을 관리하고 고객끼리 다툼이 일어나는 것을 방지하기도 어렵다. 이런 상황을 역으로 생각해서 고객끼리 서로를 위해주는 분위기를 만들면 어떨까?

이런 발상에서 나온 것이 점포를 회원제로 운영하는 것이다. 회원제의 목적은 대부분 고객에게 높은 만족감을 제공하는 데 있다고 말한다. 그러나 무슨 클럽이나 하우스라는 이름을 가지고 엄격하게 회원제를 유지하는 곳은 대부분 입회비가 비싸며 자격심사를 통해서 어느 정도 사회적인 지위가 있는 사람에게 회원자격을 준다. 그러니 일반 서민과는 별 상관이 없는 곳이다.

서민이 갈 수 있는 평범한 곳이라도 비용을 저렴하게 하면서 회원제를 엄격하게 유지하면 목적을 달성할 수 있다. 일본 오사카의 번화가에 회원제로 운영하는 포크송 바가 있다. 이 바에는 회원이나 회원과 함께 오는 고객만 입장할 수 있다. 여기는 한 번 가면 한 사람당 4만 원 정도의 비용이 드는데 이 정도 가격이면 다른 곳과 비교해 그다지 비싼 편도 아니다.

문제는 회원이어야 한다는 것이다. 회원이 되려면 입회금 2만

원과 기존 회원의 보증이 있어야 한다. 만약 새로 입회한 회원이 바에서 말썽을 부리면 소개한 회원이 책임을 져야 한다. 빚 보증도 아니고 책임이라고 해봐야 회원자격을 박탈당하는 것에 불과하다. 그럼에도 불구하고 기존 회원이 새로운 회원을 소개할 때는 일종의 도덕적인 책임감이 생긴다. 누군가의 행동을 책임진다고 생각하면 갑자기 부담스러워진다. 그 사람이 혹시 문제를 일으킬 소지가 있는지 생각하게 된다. 고객이 서로에 대한 책임감을 가지게 되면 고객 사이에는 일종의 일체감도 생긴다. 결과적으로 바는 좋은 분위기를 유지할 수 있게 된다. 바의 입장에서는 고객이 매너를 지키지 않는다거나 다른 고객에게 피해를 주는 행동에 대한 부담이 줄어든다.

좋은 형식은 약점을 없애고 장점만 취하는 것이 아니다. 약점역시 형식을 구성하는 중요한 요소에 포함된다. 홋카이도 기타미시에 있는 수족관이 그런 사례다. 이 수족관은 산골에 있는 작은 수족관이다. 이 마을에는 관광객을 부를 만한 볼거리나 먹을거리도 없다. 고령화로 인해 마을인구가 감소해 분위기도 썰렁하다. 영업을 하는 매장도 별로 없다. 무엇보다 큰 약점은 겨울이되면 너무 추워서 모든 게 얼어붙는다는 것이다. 누가 이런 수족관에 일부러 찾아가겠는가?

그런데 이렇게 작은 수족관과 아무것도 없는 마을에 1년에 30만 명 이상의 관광객이 찾아온다. 왜일까? 이 수족관과 마을의 있는 그대로의 모습이 새로운 경험을 선사하기 때문이다. 가장 지역적인 것이 가장 세계적인 것이다. 만약 해외여행을 간다면 대도시보다 작은 시골마을에 가는 게 더 낫다. 대도시의 풍경은 어느 나라나 다 비슷하다. 비슷하게 생긴 백화점에서 비슷하게 생긴 제품을 판매한다. 항상 보던 브랜드의 자동차가 거리를 질주하고 항상 보던 브랜드의 매장이 거리마다 있다. 이런 풍경이라면 굳이 외국까지 여행을 갈 필요가 없다. 그러나 그 나라 지방의 작은 마을을 방문해보면 해외여행 온 것을 실감할 수 있다. 그 마을에서는 일상적인 풍경이지만 여행객의 관점에서는 모든 것이 신선하게 느껴진다.

산골마을의 수족관에 관광객이 몰리는 이유도 이와 같다. 작은 수족관과 마을은 자신의 약점을 무리하게 극복하지 않았다. 어차피 약점을 극복하기 위한 예산이나 인력도 없다. 그 대신 약점을 포함한 형식을 만들었다. 있는 그대로의 일상을 보여주며 계절을 있는 그대로 느낄 수 있게 한 것이다. 겨울에는 너무 추워서 수조의 수면이 얼어붙는다. 수족관에서는 실내 수조를 만들지 않는 대신 겨울을 그대로 느낄 수 있도록 얼음이 언 수면 아래를 관찰할 수 있게 했다. 이런 수족관은 어디엔가 있을 것 같지만 어느 곳에노 없다. 그래서 이곳은 관광객늘에게 얼음 수족관이라는 귀한 경험을 선사한다.

겨울이 오면 기온은 영하로 내려가고 얼음이 얼기 시작한다. 그러면 관광객은 오히려 더 많이 늘어난다. 그들은 수족관을 방문해 얼어붙은 얼음 아래에서 생활하는 물고기를 보면서 즐거워한다. 수족관을 보고 난 뒤에는 마을에 있는 야외 온천으로 간다.

홋카이도에서 온천욕을 할 때는 바깥 공기가 너무 차기 때문에 머리카락이 물에 젖으면 금세 얼어버린다. 눈도 자주 내린다. 눈이 내리는 산속. 야외 온천에 들어가 눈을 맞으며 온천을 즐기는 사람들. 이런 모습은 홋카이도 산골마을에서는 일상적인 풍경이다. 그러나 도시에 사는 관광객들에게는 처음 경험하는 좋은 추억거리가 된다.

시골의 작은 마을과 작은 수족관에서는 여름에는 여름을 느끼고 겨울에는 겨울을 느끼게 하는 형식을 만들어 관광객을 불러들였다. 지역에 관광객이 모여들면서 주민들이 활기를 되찾고 그 결과 자연스럽게 마을도 다시 살아났다.

고객과 함께
가치를 만든다

가치는 고객이 정한다

고객의 기대감이 가치를 창조한다

철학자인 막스 셸러는 사람들이 본질적으로 직관하는 특성을 가치에 적용했다. 그에 따르면 가치에는 순서가 있는데 종교적인 가치가 가장 높으며 그다음이 정신적인 가치다. 고귀함이나 비천함에 대한 가치가 그 뒤를 이으며 감성적인 쾌감의 가치가 가장 낮다. 우리가 종교를 신성하게 생각하고 쾌감은 숨기려는 본능과 같다.

가치의 본질은 근본적으로 변하지 않는다. 그러나 가치를 평가하는 기준은 사람마다 다르다. 가치를 창조하는 것은 기대감이다. 기대감이 클수록 가치도 크다고 평가한다. 같은 제품이라면 고객들이 가지는 기대감은 서로 같을까? 그렇지 않다. 여기에 기업의 고민이 있다. 어떤 고객은 이 제품에서 단순히 감성적인 쾌감을 기대하는가 하면 어떤 고객은 거의 종교적인 기대감을 갖는다. 애플의 충성고객 중에는 거의 종교적인 기대감을 가지는 고객도 있다.

고객의 기대감이 기업과 제품의 가치를 창조하기 때문에 기업으로서는 어떻게 하면 고객에게 커다란 기대감을 줄 수 있을까 궁리하게 된다. 예를 들어 빵집에서 빵이 나오는 시간을 미리 고객에게 알리는 것은 고객에게 기대감을 주기 때문이다. 고객은 일부러 빵이 나오는 시간에 맞춰 매장을 찾는다. 시간이 되면 금방 구운 빵의 향기가 매장을 뒤덮어 고객의 식욕을 돋운다. 고객은 즐거운 마음으로 빵을 구입한다. 많은 고객이 빵을 구입하는 모습을 보면 지나가는 사람에게도 기대감이 생긴다. 제조기업은 신제품을 출시하는 시기를 미리 공개하기도 한다. 그러면 언론에서 신제품에 대한 추측기사를 다룬다. 이렇게 분위기를 조성하는 목적은 고객에게 기대감을 주기 위해서다.

식당에서는 좋은 재료가 들어오면 이를 매장 앞에 써붙이고 고객에게 알린다. 좋은 재료를 사용한 맛있는 음식을 기대하게 만들려는 의도도. 그러나 아무리 좋은 재료를 사용해도 일단 음식 속으로 들어가면 고객의 눈에 보이지 않는다. 그러므로 고객의 기대감을 높이려면 고객의 눈에 보이도록 해야 한다. 만약 신선한 채소와 질좋은 소고기를 재료로 사용한다면 채소를 재배하는 농부의 사진을 벽에 걸어두거나 목장의 사진을 보여준다. 공장에서 제조한 제품이라면 작업 중인 공장직원의 사진을 보여준다. 필요하다면 공장견학을 주선한다. 물론 이런 활동의 목적은 고객에게 기대감을 불어넣기 위해서다.

고객의 기대감을 올리는 방법은 매우 다양하다. 예를 들어 매장에 고객이 들어오면 모든 종업원이 큰 소리로 인사한다. 주문을 받으면 큰 소리로 외친다. 어느 순간 배경음악을 조용한 곡에서 신나는 곡으로 바꾼다. 타임 서비스를 해서 가격을 크게 낮춘다. 가격이 놀랄 만큼 싼 것도 고객을 흥분시킨다. 호떡집처럼 고객의 눈앞에서 직접 만든다. 식당에서 조리하는 장면이나 정비공장에서 수리하는 장면을 고객에게 보이는 것도 좋은 마케팅 방법이다. 이는 자신감의 표현이기 때문이다. 직원이 자신 있게 일하는 모습을 직접 보면 고객은 기대감이 커진다. 그러면 작업 시간이 좀 길더라도 크게 지루해하지 않는다.

주방을 개방적으로 설치했다면 조리과정은 고객의 기대감을 올릴 수 있는 좋은 기회가 된다. 조리과정 자체를 하나의 이벤트로 만들 수 있기 때문이다. 주방에서 조리하는 과정을 볼 수 있다면 고객은 음식을 조리하는 모든 과정에 스스로 참여했다는 기분이 든다. 스테이크라면 고기를 얼마나 구울지 고객이 정해준다. 소재는 미리 준비한 것이고 조리과정도 미리 정해둔 방식에 따르지만 나머지 절반은 고객이 원하는 대로 조리하는 것이다.

그래서 중국요리 식당에서는 밀가루를 반죽하고 국수를 삶아내는 장소를 일부러 출입구 근처에 배치한다. 고객의 눈앞에서 조리하며 음식에 넣는 재료의 일부는 고객이 스스로 선택하도록 한다. 피자식당에서는 매장 밖에서도 훤히 보이는 곳에서 피자를 굽는다. 고객이 이 장면을 보고 맛있겠다고 기대하고 매장으로 들어오게 하려는 게 목적이다. 고객이 모든 조리과정을 본다면 식품위생을 철저히 하고 있다는 믿음도 생긴다.

고객에게 기대감을 주는 것에는 매장의 분위기도 중요한 역할을 한다. 매장을 고객의 입장에서 보면 과연 얼마나 기대감을 줄 수 있을지 예측할 수 있다. 교통이 편한 곳에 매장이 위치하거나 주차하기 좋은 것도 기대감을 높여준다. 처음 가는 곳이라면 매장의 외부 디자인이 중요하다. 매장에 들어갈지 여부를 결정하는 것은 매장 입구의 분위기다. 매장에 들어와서는 실내 분위기, 조명, 레이아웃을 보면서 기대감이 생긴다. 만약 매장 내에 다른 고객이 있다면 고객의 연령과 패션도 기대감에 영향을 미친다. 고객을 자리로 안내할 때 이런 특징을 이용하는 곳이 많다. 밖에서 잘 보이는 곳에는 매장의 분위기에 잘 어울리는 고객을 안내한다. 세심한 고객이라면 인테리어가 고객과 어울리는지도 살핀다.

매장의 분위기가 고객의 기대감을 올려주는 하드웨어라면 직원의 분위기는 소프트웨어다. 사실 고객에게 기대감을 주는 가장 큰 요소는 직원이다. 정중하고 활기찬 태도와 격식에 어울리는 매너를 가진 직원을 보면 고객의 기대감은 크게 올라간다. 이에 비하면 제품의 가격, 특성, 진열방식과 같은 항목은 고객의 기대감에 크게 영향을 주지는 않는다. 주변에 너무 많은 제품이 범람하고 있기 때문이다. 오히려 여유로운 공간, 청결함, 조명 같은 매장 분위기가 기대감에 더 큰 영향을 준다.

패스트푸드 식당에 대해서는 고객이 크게 기대하는 것도 없지만 그렇다고 크게 불만도 없다. 그 가격에 그 정도의 품질과 분위기를 제공하면 된다고 생각한다. 고객의 소득이 낮을 때는 저렴한 가격에 양을 많이 주는 패스트푸드 식당을 선호한다. 그러나 소득이 올라가면 외식할 때도 식재료의 안전에 관심을 가지게 된다. 이처럼 고객이 기대감을 갖는 것은 소득이나 상황에 따라 변한다.

예를 들어 공항의 식당이나 고속도로 휴게실은 고객의 불만이 많은 곳이다. 여행을 떠나면 누구나 막연하게 기대감이 커지고 마음이 들뜨면서 약간 흥분한다. 그러다 보니 여행 도중에 들르는 휴게소나 여행지의 식당에 대한 기대감이 크다. 문제는 기대감이 큰 만큼 실망감도 커진다는 사실이다. 특히 고객의 기대감을 부채질하는 것은 음식 모형이다. 전시용 음식 모형은 정말 먹음직스러워 보인다. 그러나 막상 그 음식을 주문해보면 사기를 당한 것 같은 기분이 든다. 기대했던 것과 전혀 다른 음식이 나오기 때문이다. 기대치의 60%라도 되면 다행일 정도다. 만약 고객에게 가치를 줄 수 없다면 처음부터 과도한 기대감을 주면 안 된다. 오히려 역효과이기 때문이다.

가치창조에는 연출이 필요하다

건물에 페인트칠을 하는 것이 주 업무인 어느 기업의 이야기다. 설립 초기에는 어느 기업이나 고객을 확보하는 게 가장 급선무다. 이 기업의 경우에는 고객이 없으면 페인트를 구입할 수 없다. 페인트의 종류가 워낙 다양하다 보니 주문을 받기 전에 아무 재료나 미리 구입할 수는 없기 때문이다. 매장에 재료가 없으면 고객은 의심하고 이곳에 일을 맡기지 않는다. 그래서 이곳 사장은 밖에서 잘 보이는 곳에 페인트 통을 높이 쌓아두었다. 고객에게 경영이 매우 잘되는 것처럼 보이게 하는 효과를 노린 것이다. 사실 모든 통은 빈 것이었다. 어떤 법률사무소에 가면 두껍고 비싸 보이는 법률서적이 책장에 수십 권 진열되어 있다. 그런데 이런 서적 중에는 껍질만 있고 알맹이는 없는 장식품도 많다.

기업은 기존의 고객에게 기대감을 주고 새로운 고객에게 호기심을 주기 위해 연출을 한다. 만약 여성 1인 가구의 이사를 돕는 경우라면 이삿짐센터에서 파견하는 직원은 모두 여성이다. 직원은 모두 똑같은 작업복 차림에 가슴에 명찰까지 달고 있다. 직원의 움직임에는 절도가 있고 작업복이나 차량은 매우 청결하다. 이런 모습을 연출하면 지역 주민들이 눈여겨본다. 청소 대행업체 역시 청소하러 갈 때는 가급적 여성이 중심이 되며 모든 직원은 같은 작업복을 입는다. 남자직원이 포함되는 경우도 있지만 전체적인 팀의 분위기는 통일되고 청결함을 연출한다. 만약 고객의 나이를 미리 알 수 있다면 파견하는 직원의 나이도 이와 비슷하게 맞춘다.

작업내용이 매우 어렵다거나 첨단장비가 필요한 것은 아니지만 연출을 잘해서 좋은 평가를 받는 기업이 있다. 쿠라시안이라는 기업인데 생활을 돕는 기업이라는 의미다. 가정에서 수돗물이 새거나 변기가 막히는 등 생활에 문제가 생기면 달려가서 수리해준다.

이 기업에서 직원을 파견할 때는 반드시 기업의 작업복을 입고 가슴에는 명찰을 단다. 작업도구는 가지런하게 정리되어 있으며 차량은 항상 깨끗하게 세차되어 있다. 기름때가 묻은 평상복 차림의 작업자가 1년에 한 번도 세차하지 않은 차를 타고 작업하러 오는 모습과 비교해보자. 어느 쪽이 고객의 기대감이 커지는지는 분명하다. 이삿짐을 운반하거나 청소하는 것은 그 결과가 중요하지만 과정도 무척 중요하다. 과정은 연출이다. 청소하는 것조차 연출이라고 생각하는 기업도 있다. 아르바이트 직원이든 간부직원이든 직원의 모든 활동이 철저하게 계산된 연출이다.

기업이 연출하는 목적은 고객에게 기대감을 주기 위해서다. 기대감이 크면 그만큼 가치도 올라가기 때문이다. 기업만 연출하는 것이 아니다. 오히려 고객이 스스로 연출할 때 더 많은 가치를 창조할 수 있다. 어느 TV방송국에서 실험을 했다. 아무 매장이나 들어가서 고객이 과연 어느 정도까지 마음대로 할 수 있는지 본 것이다. 예를 들어 가구점에 들어가서는 소파에 앉는다. 아무 문제가 없다. 침대에 누워본다. 역시 문제가 없다. 침대에서 잠을 청한다. 어느 정도 시간이 지나면 직원이 와서 말을 건다. 실험 관찰자는 직원이 와서 고객의 행동을 제지할 때까지 걸린 시간을 확인한다. 이런 식으로 다양한 매장에 들어가서 다양한 행동을 하면서 어느 정도까지 허용되는지 실험했다.

그런데 시청자들의 예상과 달리 뜻밖의 결과가 나왔다. 의외로 많은 매장에서 고객의 행동을 크게 규제하지 않은 것이다. 고객이 앉아보고 누워보는 행동이 오히려 다른 고객에게는 그 제품에 대한 연출이 되기 때문이다. 만약 침대를 보러 온 고객이 있다고 해도 침대에 누워보기 전에는 침대의 특징을 알기 어렵다. 그렇다고 해서 다른 사람도 많은데 혼자 침대에 오랫동안 누워보는 것은 쉽지 않다. 이때 누군가 그렇게 하는 것을 보면 다른 고객도 자연스럽게 행동할 수 있다. 고객이 연출하고 고객이 감동하게 하는 것이다. 이를 잘 이용하는 가구점이 이케아다.

이케아의 매장은 항상 고객으로 붐비는데 그중에는 매너 위반이라고 할 만한 행동을 하는 고객도 있다. 테이블에서 음식을 먹기도 하고 침대에서 잠을 자기도 한다. 그러나 이케아에서는 고객의 어지간한 행동은 문제삼지 않는다. 고객이 하는 행동은 다른 고객을 위한 연출이기 때문이다. 연출이 성공하면 매출도 올라가므로 기업에서는 고객의 행동을 말리는 것이 아니라 오히려 스스로 연출할 수 있도록 장려한다.

의류매장에 거울이 많으면 고객이 의류를 고르기도 편할 뿐 아니라 지나가는 고객이 거울 앞에 서 있는 고객의 모습을 보고 사고 싶다는 충동을 느낀다. 이처럼 매장에는 고객이 스스로 연출하기 쉬운 분위기가 필요하다.

첨단제품이라면 고객이 알지 못하는 기능이 많이 있다. 이런 기능을 모두 고객에게 설명하기는 어렵다. 매뉴얼이나 카탈로그를 읽어보는 고객도 드물다. 첨단제품일수록 연출이 효과적이다. 일본 소프트뱅크에서는 가정에서 사용하는 로봇을 판매한다. 로봇은 아직 낯선 제품이다. 집집마다 있는 제품도 아니다. 대부분의 고객은 로봇과 어떻게 대화해야 할지 모른다. 그래서 소프트뱅크 대리점에는 입구에 로봇을 전시하고 고객이 자유롭게 대화하도록 권한다. 고객이 로봇과 대화하는 모습을 주변 고객들이 봄으로써 광고효과를 얻을 수 있다.

고객 중에는 일부러 로봇이 알아듣기 어렵게 말을 하거나 대답하기 어려운 질문을 하는 사람도 있다. 만약 로봇이 잘못 알아듣고 엉뚱한 답을 하면 고객들은 웃으면서 즐거워한다. 마치 어른이 아이를 데리고 노는 듯한 모습이다. 이런 모습을 옆에서 지켜보고 있으면 자연스럽게 로봇에 대한 친근감이 생기고 기대감도 커진다. 이 로봇이 얼마나 가치 있는지 일일이 설명하지 않아도 고객들은 자연스럽게 가치를 느끼게 된다. 만약 대리점 직원이 로봇과 대화하고 있다면 사람들은 크게 관심이 없을 것이다. 어차피 프로그래밍한 대로 실행되고 있다고 생각하기 때문이다. 그러나 다른 고객이 로봇과 대화하는 모습에는 큰 관심을 보인다. 꾸밈이 없고 자연스럽기 때문이다.

기업이나 고객이 제대로 연출하면 고객의 욕망을 크게 자극한다. 모든 고객에게는 재미있는 것, 좋은 것, 맛있는 것에 대한 욕망이 있다. 기업은 욕망을 자극하는 연출을 해야 한다. 컵에 음료수를 따르는 소리나 맥주 거품이 넘치는 소리도 연출이다. 홈쇼핑에서 쇼 호스트가 제품을 실감나게 설명하는 것도 연출이다.

연출을 잘해서 브랜드를 크게 알린 기업이 있다. 키요무라라는 기업이다. 1979년 창립 초기에는 도시락을 판매했다. 2001년부터는 스시잔마이라는 브랜드로 도쿄 시내 50여 곳에서 스시식당을 운영하고 있다. 도쿄에서 스시식당을 운영하려면 치열하게 경쟁해야 한다. 스시잔마이 역시 초기에는 고전했다. 그러나 연출을 통해 이름을 크게 알리면서 사업은 궤도에 올랐다. 연출의 핵심은 상상을 초월한 배팅이다.

이 기업은 매년 어시장에서 참치경매를 하는 첫날 경매에 나온 참치 중에서 가장 비싼 참치를 구입했다. 2013년 첫 경매에서는 지금까지 일본의 역사상 가장 비싼 가격인 1억 5540만 엔을 주고 참치 한 마리를 구입했다. 참치 한 마리에 15억 원이라니 얼른 이해가 되지 않는다. 그러나 해마다 첫 경매에서 가장 비싼 참치는 이 기업이 구입하고 있다. 경쟁기업이 나타나면 얼마든지 더 비싼 금액을 들여서라도 반드시 가장 비싼 참치를 구입하겠다고 장담한다.

이렇게 비싼 참치를 구입하면 어떻게 할까? TV를 통해서 대대적으로 선전한다. 언제 어느 매장에서 참치 해체작업을 한다고 알린다. 그러면 당일 그 매장은 고객들로 인산인해를 이루고 TV에서는 생중계로 방송한다. 드디어 시간이 되면 경영자가 하얀 작업복에 긴 장화를 신은 차림으로 등장한다. 전통적으로 참치를 해체할 때 입는 복장이다. 한 손에는 매우 긴 칼을 들고 있다. 참치 중에 무거운 것은 200kg이 넘는다. 이렇게 큰 참치를 해체하려면 칼 역시 매우 길어야 한다. 이런 칼을 들고 참치 앞에서 있는 경영자는 자신만만한 자세를 보여준다. 일본 최고의 스시식당이라는 것을 연출하는 것이다. 그리고 참치 해체를 시작한다. 모든 고객에게는 참치로 만든 스시를 두 개씩만 판매한다. 워낙 비싼 가격으로 구입한 참치이기 때문에 이날은 큰 적자를 본다. 그러나 연출을 통해서 얻은 광고효과는 이 적자를 충분히 메우고도 남는다.

가치를 완성하는 것은 고객이다

기업은 고객을 만족시킨다고 말한다. 그러나 이는 잘못된 표현이다. 고객을 만족시키겠다고 마음먹은 기업은 스스로가 고객보다 높은 입장이라는 생각을 가지고 있다. 고객이 너무 모르니까 기업이 고객을 이끌고 지도해주어야 한다는 발상이다. 기업이 고객보다 높은 곳에 있다는 발상은 마치 동물원에 있는 사육사와 동물의 관계를 연상시킨다. 동물에게는 먹이를 주고 포만감만 느끼게 해주면 된다. 동물이 스스로 만족하는지 여부는 전혀 상관하지 않는다.

　기업이 고객을 만족시킨다는 발상을 가지면 기능이 많은 제품을 저렴한 가격으로 판매하겠다는 생각밖에 할 수 없다. 이런 발상이라면 아무리 기능이 많고 혁신적인 제품을 개발해도 팔리지 않는다. 고객의 입장에서 보면 이 정도 기능과 가격의 제품은 시장에 널려 있기 때문이다. 오히려 품질은 나쁜데 가격이 비싼 제품을 찾기가 어렵다. 정상적인 기업이라면 이런 제품을 매장에 진열할 리가 없다. 고객은 대부분의 제품에 관심이 없다. 고객을 만족시키겠다는 발상의 제품이기 때문이다. 고객이 관심을 가지는 제품은 고객 스스로 만족하는 제품이다.

　가격만 저렴하다고 해서 만족하는 것은 아니다. 가격보다 더 큰 가치가 있어야 만족한다. 다이소는 일본의 불경기를 기회로 만들어 크게 성장한 기업이다. 다이소는 1977년 설립되었으며 25개 국가에서 3,400개 이상의 100엔 매장을 운영하고 있는데 우리나라에도 1997년에 진출했다. 모든 제품을 100엔, 약 1,000원에 판매하는 방식은 우연히 생겼다. 창업자는 작은 매장에서 공산품을 팔았는데 저렴한 가격에 품질도 좋지 않았다. 매출은 별로 많지 않았으며 그저 현상유지하는 정도였다. 매장 운영은 창업자와 부인이 함께 했다. 그러던 중에 부인이 임신을 하고 일손이 부족해지자 운영이 어려워 폐업하기로 했다. 모든 재고를 처분하려고 하니 가격이 문제였다. 이전과 같은 가격으로 팔면 재고를 처분하기 어렵다.

　그래서 재고로 남아 있던 모든 제품의 가격을 100엔으로 통일했다. 그러자 전혀 생각지도 못했던 일이 벌어졌다. 모든 제품이 100엔이라는 것에 놀란 고객들이 몰려온 것이다. 고객이 몰리자

이번에는 납품업체에서 자신의 제품도 100엔에 팔아달라고 제의했다. 새로운 제품을 추가하자 또 고객이 모여들었다. 폐점하려던 매장이 고객으로 인산인해를 이루게 된 것이다. 고객은 가격이 싸서 모여든 것이 아니다. 가격에 비해서 가치가 높기 때문에 모여든 것이다.

다이소는 이전에는 원가율 70% 이하의 제품만 구입해 판매했다. 영업 이익률 30%를 고려한 결과다. 판매가격이 100원인 제품이라면 영업이익이 30원이고 원가 70원이 마지노선이었다. 이런 제품은 대부분 가격은 저렴하지만 품질이 좋지 않은 싸구려다. 만약 구입원가를 99%까지 올리면 어떨까? 판매가격이 100원인데 원가는 99원이다. 기업의 이익은 1원에 불과하다. 이런 제품이라면 고객들이 가격에 비해서 품질이 좋다고 생각할 것이다. 다이소에서 좋은 제품을 저렴한 가격으로 판매하자 매출이 크게 늘어났다. 이 기업에서는 한 가지 제품을 100만 개 단위로 주문한다. 이 정도 수량이면 납품업체에서는 제조원가를 크게 낮출 수 있다. 100엔 이상의 가치가 있는 제품을 100엔에 파니까 고객이 모인 것이다. 고객이 제품의 가치를 인정해야 팔린다. 가장 간단한 방법은 가치보다 가격을 낮추는 것이다.

기업이 보유한 기술을 고객에게 제공해서 고객이 가치를 완성하는 사례도 있다. 모리시타진탄의 경우다. 1893년 설립된 기업으로 1905년에 은단을 개발해 판매를 시작했다. 은단은 구강 청결제인데 원료에 30여 종의 생약이 포함되어 있다. 목이 아픈 경우에는 살균효과도 있으며 가슴이 아프면 통증을 줄여주는 효과도 있다. 과거에는 병사의 상비약으로 사용되었으며 1910년대에는 일본을 대표하는 수출 의약품으로 명성이 높았다. 그러나 1980년 390억 원을 정점으로 매출액이 점점 감소해 2002년 이후로는 30억 원 수준을 유지했다. 현재의 젊은 소비자들은 거의 은단 제품을 모른다.

이러한 상황에서 모리시타진탄은 지금까지 판매하던 은단이 아니라 은단을 만드는 기술을 판매하기로 했다. 특히 액체를 감싸는 캡슐을 연속으로 제조하는 기술을 이용하면 두께가 0.03mm에 4층 구조로 이루어진 캡슐을 제조할 수 있다. 이 기술을 이용하면 위장을 통과해 대장에서 녹는 의약품 캡슐을 만들 수 있다. 더 나아가 인체의 어느 부분에서 약을 녹일지 자유롭게 지정할 수도 있다. 현재 모리시타진탄의 기술은 100여 개 기업에 판매되었으며 음료수나 화장품을 포함한 1,500개 이상의 제품에 이용되고 있다. 그 결과 매출액은 2013년 1000억 원으로 크게 늘었다. 고객이 가치를 완성한 결과다.

기업에서 아무리 혁신적인 제품이라고 주장해도 팔리지 않는다. 고객이 스스로 만족할 수 있어야 한다. 고객이 제품에 바라는 것은 천차만별이기 때문에 기업은 고객과 소통하고 그들이 정말 원하는 것은 무엇인지 찾아야 한다. 소통하지 않으면 정말 원하는 것이 무엇인지 알 수 없다. 고객은 자신이 생각하는 가치보다 더 많은 가치를 제공하는 제품이어야 만족한다.

가치에 실망하면 회복이 어렵다

고객은 기업이 정한 가격대로 돈을 지불하려고 하지 않는다. 그 대신 자신이 기대한 가치를 기준으로 가격을 판단한다. 만약 기대한 가치보다 가격이 싸면 고객은 만족한다. 아무리 가격이 싸더라도 가치가 없으면 만족하지 않는다. 고객이 가치를 크게 기대하다가 막상 기대가 무너지면 실망이 크다.

TV에서 맛집을 소개하면 일부러 찾아가보는 사람도 있다. 그런데 많은 사람이 그 맛에 실망한다. 너무 맛있다는 방송을 보고 기대감이 컸는데 막상 음식을 먹어보면 평범한 맛이기 때문이다. 방송을 보지 않고 먹었다면 오히려 맛있다고 느꼈을지도 모르지만 방송을 보면서 잔뜩 기대하고 먹으면 맛이 없다고 느낀다. 유명한 가게일수록 소문을 듣고 온 고객의 평가는 그리 높지 않다. 전혀 기대하지 않고 우연히 들른 식당에서 먹은 음식이 맛있다고 느끼는 경우가 많다.

고객이 가치를 평가하는 경우에는 미리 가지고 있던 기대감과 비교한다. 기대감에 비해서 실제로 제품을 사용해본 감상을 비교하는 것이다. 기대감은 경험, 지식, 정보, 분위기, 가격, 느낌 등 다양한 요소에 의해서 결정되므로 기대감의 크기는 사람마다 다르다. 기대감이 높을수록 제품을 사용한 후의 평가가 낮기 쉽다.

고객이 만족하려면 제품을 사용한 후의 만족감이 사용 전에 가졌던 기대감보다 커야 한다. 만약 기대감이 80이고 만족감이 80이라면 차이가 없다. 기대했던 만큼의 만족은 했지만 이것만으로는 전혀 감동이 없다. 두 번째 경험한 후의 만족감은 첫 번째 경험과의 차이다. 만약 두 번째 경험한 후의 만족감이 80이라면 첫 번째의 만족감과 차이가 없다. 경험할 때마다 같은 수준으로 만족한다면 고객이 실제로 느끼는 만족감은 떨어진다. 이를 한계효용 체감의 법칙이라고 한다.

아무리 밥이 맛있어도 첫 숟가락 넘길 때가 가장 맛있다. 밥을 먹을수록 만족감은 계속해서 떨어진다. 마지막 숟가락은 억지로 넘길 때도 있다. 음식은 달라지지 않았지만 고객의 만족감은 크게 떨어진다. 단골고객이라면 지난번에 느꼈던 만족감이 다음에 이용할 때의 기대감이 된다. 여러 번 찾더라도 새로운 감동이 없으면 고객의 기대감은 점점 낮아진다. 마치 마지못해 가는 구내식당 같은 신세가 되는 것이다. 고객을 만족시키기 위해서 사용하는 비용은 투자다. 기업은 판매할 때까지만이 아니라 고객이 구입한 후까지도 고려해야 한다. 구입한 고객에 대해 만족감을 조사하고 다음 구매로 이어질 대책을 강구해야 한다.

가격은 가치에 비례하지 않는다

제품의 가치는 누가 만들까

기업은 고객에게 조금이라도 더 비싸게 팔고 싶어 한다. 그럼에도 불구하고 재고가 남으면 가격을 크게 할인한다. 어떤 제품은 10만 원에 팔다가 1만 원으로 내려 팔기도 한다. 가격이 파격적으로 싸다고 느껴지면 고객은 제품에 관심을 보이고 살펴본다. 그렇다고 해서 고객이 그 제품을 구입하는 것은 아니다. 기업은 가격을 중시하지만 고객은 가치를 중시하기 때문이다. 아무리 저렴하더라도 나에게 가치가 없는 제품은 구입하지 않는다. 고객이 지불해도 좋다고 생각하는 가격은 자신이 생각하는 가치보다 낮은 금액이다. 1,000원의 가치가 있다고 생각하면 1,000원보다 저렴해야 구입한다.

물론 1,000원보다 비싸도 구입하는 경우가 있다. 시간이나 장소가 제한된 경우이거나 독점 상태일 때다. 만약 높은 산의 정상에서 음료수가 먹고 싶다면 도심의 마트보다 가격이 비싸도 구입한다. 이때는 고객이 생각하는 음료수의 가치도 그만큼 올라가 있기 때문이다. 고급 스포츠카인 페라리는 수십 년이 지나면서 오히려 가격이 더 올라가는 경우도 많다. 과거의 모델이 단종되어 전세계에 몇 대밖에 남아 있지 않다는 희소성을 가지기 때문이다. 고객의 관점에서는 희소할수록 가치가 높아진다. 모임에 갔는데 다른 사람과 똑같은 옷을 입고 있다면 어떤 기분이 들겠는가? 옷을 입을 때 고려하는 중요한 기준 가운데 한 가지도 희소성이다. 누구나 다른 사람과는 구별되는 자기만의 스타일을 원한다.

고객이 지불해도 좋다고 생각하는 가격과 기업이 받고 싶어하는 가격은 항상 다르다. 고객이 생각하는 가치가 더 커지면 기업은 더 비싼 가격을 받을 수 있다. 만약 고객이 알지 못하는 가치를 기업이 일깨워준다면 고객이 생각하는 가치는 더 커질 것이다. 가치가 커지면 가격이 올라도 문제가 없다. 그러므로 기업이 해야 할 일은 고객이 더 큰 가치를 만들도록 돕는 것이다. 고객이 더 큰 가치를 창조하면 고객은 물론 기업에게도 이익을 가져다준다. 기업에서 고객을 대상으로 각종 교육 프로그램을 운영하는 이유다. 고객이 지금까지 모르고 있던 가치를 교육을 통해서 알게 된다면 제품의 가격에 대해서도 납득할 것이다. 소프트웨어를 판매하는 기업에서는 수시로 사용자 교육을 실시한다. 이

교육에 참가한 고객은 소프트웨어의 기능을 충분히 활용할 수 있게 되면서 제품의 가치를 더 크게 느낄 수 있다.

기업이 생각하는 가치와 고객이 생각하는 가치가 다른 경우도 많다. 만약 같은 제품에 대해서 고객이 전혀 새로운 가치를 생각해낸다면 이는 기업에게는 큰 선물이다. 미국에서 개발된 맨소래담이라는 약이 있다. 기업에서 이 약을 처음 판매할 때는 감기환자를 대상으로 했다. 감기에 걸렸을 때 가슴에 바르면 시원해지기 때문이다. 약의 원료인 멘톨에는 호흡을 도와주고 증상을 완화시켜주는 효과가 있다. 그런데 고객이 생각한 가치는 기업이 처음 생각한 것과 달랐다. 고객은 주로 외상을 치료하는 데 이 약을 이용했다. 고객이 사용하는 방법이 자신들의 생각과 다른 것을 확인한 기업은 맨소래담의 가치를 변경하기로 했다. 감기약에서 외상 치료제로 바꾸어 판매하기 시작한 것이다. 기업이 생각한 사용법과 달리 고객은 자신이 원하는 방식으로 사용한다. 제품의 가치를 만들어내는 것은 기업이 아니라 고객이기 때문이다.

이처럼 기업과 고객이 생각하는 가치가 다르다 보니 가격에 대한 고객의 반응 역시 다르다. 모든 고객을 만족시키는 가장 쉬운 방법은 무조건 가격을 낮추는 것이다. 기존 가격보다 파격적으로 할인하면 대부분의 고객이 좋아한다. 그렇다고 즉시 가격을 내리는 것은 바람직하지 않다. 고객 역시 가격이 저렴해졌다고 평가하지 않는다. 가격 뒤에 숨어 있는 고객의 보이지 않는 눈물을 먼저 이해해야 한다.

고객이 가격을 평가하는 요소는 다양하다. 이런 요소 뒤에 숨어 있는 문제를 해결하지 않으면 고객은 적절한 가격이나 가치 있는 제품이라고 평가하지 않는다. 예를 들어 어느 제품의 가격이 높다는 의견이 많다고 하자. 기업에서 제품의 가격을 낮추어도 여전히 가격이 높다는 의견이 나온다면 고객은 기업 자체가 마음에 들지 않을 수도 있다. 싫어하는 기업이 만든 제품이라면 아무리 가격을 내려도 고객은 비싸다고 생각한다. 고객의 관점에서 가격은 가치의 문제이기 때문이다.

고객이 가격할인을 원하지만 이에 호응하지 못한다면 기업은 이유를 명확하게 밝혀야 한다. 예를 들어 우리나라 커피숍의 커피 한 잔 가격은 세계적으로 비싸다고 악명이 높은데 기업들은 높은 임대료를 이유로 들고 있다. 물론 이런 이유를 어떻게 받아들일지는 전적으로 고객에게 달려 있다. 만약 기업이 애매한 태도를 취한다면 가격을 할인하고도 신뢰를 잃어버린다. 고객이 적은 금액에도 민감하다면 기업은 고객보다 더 작은 단위로 금액을 말하는 것이 좋다. 만약 100만 원 단위라면 기업은 10만 원 단위로 말한다.

어떤 매장에서는 일정한 카드를 사용하면 얼마를 할인해준다고 선전한다. 만약 고객이 가진 카드 중에는 하나도 해낭되는 게 없다면 고객은 불만을 가진다. 다른 사람이 할인받은 것을 내가 대신 낸다고 생각하기 때문이다. 할인을 받아서 이득을 보았다고 생각하는 고객이 있으면 할인받지 못해서 손해를 보았다고 생각하는 고객도 있다. 고객의 입장에서는 이득을 보는 것보다 손해를 보지 않는 것이 훨씬 더 중요하다.

가격을 바라보는 고객의 특성을 이용해서 인터넷 판매기업인 아마존에서는 같은 제품이라도 가격을 수시로 바꾼다. 재고가 많으면 가격을 낮추고 재고가 얼마 남지 않으면 가격을 올리는 것도 한 가지 방법이다. 아마존 이외에도 많은 인터넷 판매 사이트에서는 고객에게 제시하는 가격이 고객마다 다르다. 어느 고객이 사이트에서 한 가지 제품을 오랫동안 보면서도 구입하지 않는다면 이 고객에게만 일시적으로 가격을 할인해준다. 혹은 할인권이나 쿠폰을 제시하기도 한다. 고객이 생각하는 가치보다 가격을 약간 낮춤으로써 구매를 유도하는 것이다. 물론 아무에게나 할인권을 주지는 않는다. 고객이 어느 사이트를 얼마나 자주 방문하는지 살펴보고 할인권 제공 여부를 정한다. 여기에는 기업의 노하우와 함께 이 고객만의 구매특성을 반영한 알고리즘이 필요하다.

기업에서는 한 사람 한 사람의 고객에 맞춘 알고리즘을 개발해

가격을 계속 변동시키면서 끊임없이 고객을 유혹한다. 고객은 가격이 할인되는 것에 신경이 거슬린다. 구입할지 말지 망설이게 된다. 고객에 따라 가격을 계속 바꾸는 것은 기업이 고객에게 보내는 심리전이다. 이런 유혹에도 불구하고 고개이 제품을 구입하지 않은 채 일정시간이 지나면 제품의 가격은 원래대로 돌아간다.

가격 결정은 고객과의 심리전이다

제품의 가치를 올리지 못한다면 제품의 가격을 내리는 방법이 현실적이다. 가격을 대폭 내리면 고객의 불만 역시 줄일 수 있다. 아무리 제품의 가치에 불만이 많은 고객이라도 가격이 대폭 내려가서 가치보다 가격이 낮아지면 불만이 없어진다. 고객의 상식을 뛰어넘는 할인이라면 더욱 효과가 있다. 그러나 가격을 내린다고 해서 모든 고객이 즐거워하는 것은 아니다. 가격을 할인하는 이유가 재고처분에 있다고 생각하기 때문이다.

기업에서 가격을 내릴 때는 주력제품과 보조제품을 구분해야한다. 보조제품의 가격을 대폭 할인해서 고객에게 만족감을 주면 고객이 주력제품을 구입할 마음이 생기기 쉽다. 안주가 주력제품인 술집이라면 술이 보조제품이다. 술을 무료에 가깝게 제공하면서 안주의 주문이 늘도록 유도하는 방식이다. 이와는 정반대 경우도 있다. 주력제품의 가격을 대폭 할인하고 보조제품의 가격을 제대로 받는 방식이다. 프린터의 가격을 내리고 잉크의 가격을 올리는 경우다. 주력제품이든 보조제품이든 무료보다는 가격을 대폭 낮춰 판매하는 것이 좋다. 정가 1만 원인 제품을 1,000원에 구입하면 이득을 보았다는 생각이 들지만 만약 이 제품을 무료로 받았다면 이득을 보았다는 생각이 덜 든다. 제품을 무료로 주는 대신 다른 곳에서 나의 주머니를 털어갔을 것이라고 생각하기 때문이다.

가격은 고객과의 심리전이다. 가격을 나타내는 숫자는 고객에게 미묘한 감정을 준다. 숫자에 따라 제품에 대한 인상이 변한다. 예를 들어 100원이 98원보다 심리적으로 더 저항감이 크다. 사실 둘의 가격 차이는 크지 않지만 고객들은 98원이 더 저렴하다는 인상을 받는다. 이런 소비자심리를 이용해 판매가격의 끝자리를 8이나 9로 표기하는 것이 하나의 마케팅 전략이 된 지 오래다. 가격은 금액에 비례해서 비싸다고 느끼는 것이 아니다. 840원과 870원은 느낌이 비슷하다. 같은 종류의 제품이라면 가장 비싼 가격과 가장 저렴한 가격의 차이를 두 배 이내로 설정하는 것이 좋다. 인쇄된 가격표에 원래 가격과 할인 후의 가격을 함께 써놓은 매장도 많다. 그러나 가격을 내릴 때는 고객이 보는 앞에서 손 글씨로 가격을 고치는 게 효과가 크다. 미리 계획된 세일이 아니라 즉흥적으로 실시하는 깜짝 세일이라는 느낌을 주기 때문이다. 이런 제품을 구입하는 고객은 자신이 운이 좋다고 생각한다.

온라인과 오프라인에서 의류를 판매하고 있는 기업 중에 고객과의 심리전을 잘 운용해 성공한 사례가 있다. 이 기업에서 판매하는 모든 제품은 가격변동제를 적용한다. 신제품이 들어오면 처음에는 기업에서 정한 가격을 붙인다. 이 가격이 100원이라고 하자. 일정기간이 지나고 재고가 남는다면 이때는 가격을 30% 할인해서 70원에 판매한다. 또다시 시간이 지나고 재고가 남으면 처음 가격에 대해 80% 할인을 한다. 100원에 판매하던 제품을 20원에 판매하는 것이다.

여기까지는 어느 기업에서나 하는 상투적인 수법이다. 이 기업이 차별화한 것은 모든 정보를 공개하는 전략이다. 공개적으로 고객에게 심리전을 펼친다. 처음에 신제품이 들어오면 어느 모델이 몇 벌 들어왔는지 판매 사이트에 공개한다. 가격을 30% 할인하는 시기는 언제부터인지도 공개한다. 고객이 마음에 들어 하는 제품이 있다면 정가대로 다 주고 지금 즉시 구입할 것이다. 마음에는 들지만 가격이 좀 비싸다고 느낀다면 할인하는 시기까지 기다렸다가 30% 할인된 가격으로 구입할 수도 있다. 고객은 스스로 구입시기와 구입가격을 선택할 수 있다. 그러나 고객은 언제 구입하는 게 좋은지 궁리해야 한다. 인기 있는 제품이라면 할인할 때까지는 남아 있지 않을 것이 뻔하다.

만약 30% 할인하는 시기까지 기다렸다면 이제는 또 한 번의 심리전이 남아 있다. 지금 구입할 것인가 혹은 80% 할인하는 시기까지 기다릴 것인가. 이때 재고수량이 얼마나 남아 있는지가 중요한 기준이 된다. 재고가 거의 없으면 지금 당장 구입해야 한다. 시간이 지나고도 재고가 남아 있으면 가격이 80% 할인될 가능성이 있다. 그러나 모든 고객의 마음이 비슷하기 때문에 제품이 마지막 할인단계까지 남아 있으리란 보장이 없다.

'너무 마음에 드는 셔츠가 있다. 처음에는 가격이 10만 원이었는데 지금은 7만 원으로 내렸다. 앞으로 사흘만 기다리면 가격이 2만 원으로 내려간다. 지금 현재 재고는 두 벌이다. 지금 살까? 아니면 사흘을 기다릴까?' 이런 고민을 하는 고객은 끊임없이 판매 사이트를 방문하게 된다. 재고가 얼마나 남아 있는지 확인하기 위해서다. 고객은 특별히 사고 싶은 제품이 없어도 판매 사이트를 수시로 방문한다. 가격의 변동과 다른 고객들의 반응을 보는 것만으로도 재미가 있기 때문이다.

제품에 희소성을 부여한다

고객이 지불하려는 가격과 제품의 가치는 같지 않다. 만약 20년 만에 고향을 방문한 사람이 옛날에 먹던 맛이 그리워 식당에 갔다면 음식값이 몇 만 원이라도 사먹을 수 있다. 지금 안 먹으면 다음에 언제 또 먹을지 모르기 때문이다. 제품에 희소성이 있으면 고객이 지불해도 좋다고 생각하는 가격이 올라간다. 고객이 생각하는 가치가 올라가면 덩달아 가격이 올라도 문제가 없다.

이런 특성을 이용하려면 기업은 평소에도 희소성을 만들어야 한다. 가장 쉬운 방법은 시간과 장소의 희소성이다. 시간의 희소성은 일정한 계절에만 판매하거나 일정한 시간대에만 판매하는 방식이다. 혹은 입학식 날에만 판매하는 방식이다. 한여름에만 모피코트를 판매하는 기업도 있고 한겨울에만 피서용품을 판매하는 기업도 있다. 장소의 희소성은 특정 지역에서만 판매하는 방식이다. 이 제품을 구입하려면 그 지역에 가야만 한다. 시간과 장소를 한정하는 희소성은 인터넷에 의해서 일부 사라지고 있다. 예를 들어 대학교육도 그렇다. 이전에는 반드시 대학에 그것도 학기 중에 가야만 특정한 과목을 수강할 수 있었다. 지금은 우수한 대학의 수준 높은 강의를 인터넷으로 언제든지 무료로 볼 수 있다.

속도 역시 제품에 희소성을 부여하는 요소다. 현대인은 시간에 예민하다. 뭐든지 빨리 하길 원한다. 주문한 후 수십 초에서 몇 분이라는 짧은 시간 안에 음식을 제공하는 패스트푸드 식당이나 뜨거운 물만 부으면 즉시 먹을 수 있는 인스턴트 라면을 선호한다. 고객은 매장에서도 빠른 속도를 원한다. 매장에서 제품을 구입하면 제품과 대금을 계산대에 올린 순간부터 이 제품은 내 것이라고 생각한다. 고객의 마음에 부응하기 위해 직원은 결제와 포장 등 모든 과정을 신속하게 진행한다. 고객은 변화에 재빠르게 대응하고 의사결정을 신속하게 하는 기업에 좋은 이미지를 갖는다. 속도는 경쟁력이라는 발상이다.

백화점에 갔더니 정가 100만 원 하던 제품을 10만 원에 판매하고 있다. 90% 할인을 하면 고객이 구입할까? 그렇지 않다. 고객은 스스로 생각하는 가치보다 가격이 낮아야 구입할 의욕이 생긴다. 만약 가치가 굉장히 높다면 가격이 높아도 문제가 없다. 고객이 가치를 모르는 경우라면 아무리 낮은 가격이라도 구입하지 않는다. 왜 구입해야 하는지 이유를 모른다. 기업은 고객이 더 많은 가치를 창조하도록 도와야 한다. 그러나 아무리 기업이 돕더라도 고객이 스스로 가치를 올리기는 어렵다.

고객이 가치를 전혀 모르면서도 구입하는 경우가 있다. 가격이 무료인 경우다. 무료니까 고객은 별 고민 없이 구입한다. 가격을 무료로 하면 고객이 생각하는 가치가 아무리 낮더라도 구입할 의욕이 생긴다. 가격이 가치보다 더 낮기 때문이다. 고객은 무료로 이용하지만 기업의 입장에서는 대금을 받았기 때문에 판매한 것이다.

이런 구조 중에 가장 일반적인 것이 3자거래다. 기업이 고객에게 제품을 무료로 제공하고 시장을 형성하면 여기에 제3자가 참여하고 지불하는 형태다. 모든 미디어는 3자거래가 기본이다.

방송국은 뉴스나 영화를 무료로 제공한다. 시청자는 대금을 지불하지 않지만 제3자인 광고주가 방송국에 비용을 지불한 것이다. 광고주는 고객이 자사의 제품을 구입하면 비용을 회수한다. 인터넷 비즈니스도 대부분 이 형태를 취한다. 고객의 입장에서는 무료라고 하지만 실제로는 누군가 기업에 대금을 지불한 것이다. 지불하는 사람은 기업이거나 다른 고객이거나 혹은 제3자일 수도 있다. 기업과 고객과 지불자의 관계는 제품을 무료로 제공할 수 있는 구조를 만든다. 누구에게서 이익을 얻는지, 왜 이익을 얻는지, 어떻게 이익을 얻는지 이해하려면 비즈니스 전체를 조감할 수 있어야 한다.

기업은 모든 고객에게서 이익을 얻으려고 하지는 않고 고객과 지불자를 구분한다. 고객과 지불자가 반드시 일치할 필요는 없다. 오히려 일치하지 않는 편이 경쟁자가 모방하기 어렵다. 프리미엄(freemium) 방식도 있다. 5%의 유료고객이 95%의 무료고객을 지원하는 방법이다. 소프트웨어 무료버전은 유료버전을 이용하는 5%의 고객이 수익을 제공한다. 게임이라면 대부분의 고객은 무료로 게임을 하지만 일부 고객은 유료로 게임 아이템을 구입한다. 기업에서는 이 비용으로 게임을 개발해 고객에게 제공한다. 과거에는 게임기와 게임 소프트웨어를 판매하고 각각 이익을 얻었다. 그러다가 게임기에서는 거의 이익을 내지 않고 게임 소프트웨어에서 장기적으로 이익을 내는 방식으로 변했다. 그 후 휴대전화가 보급되면서 게임기가 사라지고 휴대전화에서 게임을 하게 되었다. 거의 모든 고객은 무료로 게임을 하지만 극히 일부 고객은 게임 아이템을 유료로 구입한다. 이런 기업의 이익은 대부분 광고를 통해 만들어진다.

미끼상품을 무료로 제공하고 주력상품에서 수익을 만드는 방법도 있다. 미끼상품은 고객을 유인하기 위한 것으로 무료나 고객의 상상을 초월하는 저렴한 가격으로 제공한다. 미끼를 문 고객이 주력상품을 구입하도록 유도하는 역할을 한다. 만약 제품을 무료로 가져올 수 있다면 고객에게 무료로 제공해도 기업의 손실은 크지 않을 것이다.

인터넷 사이트에서는 고객에게 파워 블로거라는 명성을 준다. 그 대신 블로거가 올린 콘텐츠는 무료로 사용한다. 인터넷 사이트 운영기업의 관점에서 블로거가 무료로 올린 콘텐츠는 무료로 가져온 제품과 같다. 인터넷 사이트에 재미있는 내용을 올리는 블로거는 명성을 얻는 것으로 만족한다. 인터넷에서 얻은 명성을 이용해 다른 곳에서 수입을 얻을 수도 있기 때문이다. 인터넷 사이트 운영기업은 그 콘텐츠를 무료로 제공하면서 광고라는 주력상품을 판매한다.

좋은 서비스는
세상을
변화시킨다

CHAPTER
7

서비스와 공짜는 동의어가 아니다

고객에게는 가치를 기업에는 이익을

서비스는 목마른 사람에게 물을 주는 것이다. 그러나 물은 수단에 불과하다. 목적은 그 사람을 행복하게 하는 것이다. 사람을 행복하게 만드는 것이 서비스다. 서비스라는 용어는 라틴어로 노예를 의미하는 서부스(servus)가 어원이다. 노예는 매매가 가능한 제품이며 주인의 명령에 절대적으로 복종한다. 서부스는 다시 시종을 의미하는 서번트(servant)로 변했다. 시종은 주인에게 봉사하는 사람이지만 어디까지나 수동적인 자세다. 주인이 지시하면 이행하지만 능동적으로 움직이는 경우는 드물다. 서번트는 봉사한다는 의미의 서비스(service)로 다시 바뀌었으며 그 후 우리가 현재 사용하는 용어인 서비스로 변했다.

서비스라는 용어는 사람을 행복하게 만든다는 의미를 가지지만 서부스에서부터 용어가 변하면서 다양한 의미를 포함하게 되었다. 그 결과 서비스라는 용어를 사용할 때는 행복이라는 의미에 더해서 노예와 시종이라는 의미까지 포함한다. 용어의 변천에서 보듯이 서비스를 여전히 노예라고 생각하는 사람도 있다. 서비스를 받는 사람은 왕이고 서비스를 제공하는 사람은 노예라는 발상이다. 만약 서비스를 제공하는 기업이 노예라면 고객이 물을 마시고 싶어 하면 즉시 우물에서 물을 길어와야 한다. 노예는 주인이 원하면 언제든지 즉시 실행한다.

그러나 서비스가 사람을 행복하게 만드는 것이라면 기업의 대응은 달라져야 한다. 고객이 왜 물을 마시고 싶어 하는지 먼저 이해해야 한다. 만약 고객이 물을 마시고 싶어 하는 이유가 목이 마른 것이 아니라면 그 이유가 무엇인지 알려고 노력한다. 고객의 요구를 만족시킬 수 있는 환경도 만들어야 한다. 평소에 우물가를 청결하게 유지해서 세균이 번식하지 않도록 한다. 고객이 원하는 것을 이해하고 고객이 말하기 전에 행복하게 만들려는 것이다.

서비스라는 용어가 널리 쓰이기 때문에 누구나 다 안다고 착각하기 쉽다. 그러나 서비스를 말로 설명하거나 글로 쓰기는 어렵다. 우물가에서 표주박에 물을 떠주는 행동을 아무리 정확하게 설명하려고 해도 완벽하게 표현할 수는 없다. 만약 표주박만 주는 것이라면 표주박이 눈에 보이기 때문에 표현하기 쉽지만 물을 떠주는 행동과 그 뒤에 숨어 있는 의도는 표현하기 어렵다. 물을 떠서 건네주면 금세 마시고 없어진다. 이처럼 서비스는 생산과 동시에 소비하기 때문에 사전에 모든 상황을 예상하고 준비하기가 어렵다. 버들잎을 함께 띄우면 고객이 좋아한다는 것은 알고 있지만 이 상황을 정확하게 표현할 수 없기 때문에 그저 기업과 고객의 마음을 강조할 뿐이다. 같은 여인이 같은 남정네에게 물을 건네주더라도 이 모습이 항상 똑같이 반복되지는 않는다. 가뭄이 들 것 같다고 해서 앞으로 두 달 동안 건네줄 만큼 물을 미리 떠놓고 기다릴 수도 없다.

서비스를 표현하기 어려운 것은 고객도 마찬가지다. 고객 역시 느낌이 좋다거나 나쁘다거나 혹은 감동했다는 식으로 표현할 수밖에 없다. 그래서 같은 표주박에 같은 버들잎이 떠 있어도 남정네마다 평가가 다르다.

이런 어려움이 있기 때문에 서비스는 관리의 대상이 아니라고 생각하기 쉽다. 그러나 서비스는 설계하고 실행하고 평가하고 개선해야 하는 관리의 대상이다. 이를 위해 필요한 것은 서비스의 형식이다. 서비스에는 마음을 담은 배려가 필요하다고 하지만 배려는 오차가 너무 크다. 기업의 배려에 고객이 크게 감동하는 경우도 있다. 그러나 기업으로서는 고객을 배려하려고 한 행동인데 오히려 고객이 분노하는 경우도 있다. 오차가 너무 크면 개선할 수 없다. 그러므로 서비스를 설계하고 실행하려면 형식이 우선되어야 한다. 형식은 서비스를 설계하고 실행하는 과정의 오차범위를 좁혀준다.

서비스에 형식을 갖추면 고객이 크게 감동하는 경우도 없지만 크게 분노하는 경우도 없다. 모든 서비스에 형식이 갖춰지면 기업은 비로소 서비스를 관리할 수 있다. 관리할 수 있는 서비스는 수준을 높이거나 낮출 수 있으며 제어할 수 있다. 서비스의 형식은 고객에게 공평함을 제공한다. 대부분의 고객이 기대하는 공통의 요구에 대해 오차범위 안에서 대응할 수 있기 때문이다. 서비스를 설계할 때는 다양한 업종에서 성공한 사례를 찾는데 특히 다른 업종에서 배우는 경우가 많다. 성공한 사례를 찾으면 그 기업에만 있는 요소를 제외하고 핵심적인 요소와 공통적인 요소를 추린다. 그리고 우리 기업과 무엇이 어떻게 다른지 비교하고 우리 실정에 맞게 조정하거나 바꾼다.

서비스는 기업이 고객을 대하는 스토리다. 스토리를 보면 얼마나 이익을 만들지 또는 얼마나 실현 가능하며 무엇이 부족한지 쉽게 이해할 수 있다. 스토리를 만드는 작업을 서비스 디자인이라고 한다. 서비스 디자인은 어떤 고객에게 어떤 방법으로 무엇을 제공하고 어떻게 이익을 창조할 것인가에 대한 스토리를 만드는 것이다. 서비스 디자인의 목적은 명백하다. 고객이 원하는 가치를 적정한 가격으로 제공하고 기업도 이익을 얻는 것이다. 좋은 서비스는 고객에게 가치를 주는 동시에 기업에는 이익을 주며 그 결과 세상을 좋게 변화시킨다.

서비스는 효율이 아니라 여백이다

기업에서는 경쟁기업과 차별화하기 위해 과잉 대응할 수도 있다. 서비스는 고객의 가치와 기업의 가치를 동시에 창조한다. 이를 위해서는 효율보다 여백을 중시할 필요가 있다. 여기에 좋은 사례가 있다.

도쿄역에서 30㎞ 정도 떨어진 곳에 있는 마쿠하리라는 지역은 도쿄 모터쇼가 개최되는 대형 전시장이 있는 곳이다. 넓은 대지에는 대형 판매점이 드문드문 있다. 라라포트 도쿄만 센터는 이곳에서 성업 중인 대형 쇼핑센터다. 대기업인 미쓰이 부동산이 운영하고 있으며 연간 방문고객은 2500만 명에 이른다.

이곳에서는 고객을 확보하기 위해 효율을 높이는 전략을 취하고 있다. 예를 들어 고급 소고기인 와규를 백화점 가격의 3분의 1에 판매하는 등 품질 좋은 제품을 저렴하게 판매한다. 효율을 중시하는 전략은 기업과 고객 모두에게 도움이 된다. 기업은 짧은 시간에 많은 고객에게 대량으로 판매할 수 있어서 좋고 고객은 품질 좋은 제품을 저렴하게 구입할 수 있으니 좋다.

효율을 추구하는 전략은 많은 기업에서 채택하고 있다.

그런데 이미 30년 이상 안정적으로 고객을 확보하고 있는 라라포트 도쿄만 센터에서 불과 5㎞ 떨어진 곳에 2013년 12월 이온몰 마쿠하리 신도심 센터가 생겼다. 이곳은 고객이 꿈꾸는 장소라는 테마를 지향하며 연간 3500만 명의 고객이 방문하는 것을 목표로 한다. 경쟁기업에 대항하려면 차별화 전략이 필요하다. 이온몰에서는 동일 상권 내에 있는 강력한 기존 쇼핑센터와 경쟁하기 위해서 체험전략을 채택했다. 고객에게 제품과 서비스를 직접 체험하게 함으로써 쇼핑하는 즐거움을 맛보게 하는 전략이다.

현재 입점해 있는 360여 점포 중에서 70여 점포가 이 전략을 채택하고 있다. 예를 들어 아이들은 전통과자를 직접 불에 구워 만들어 먹으면서 즐거워한다. 식당에서는 요리사가 고객의 눈앞에서 조리해 고객을 즐겁게 한다. 야구용품 판매점 안에는 배팅 연습장이 있다. 제품을 구입하는 행위를 스스로 체험하는 과정으로 만든 것이다.

고객은 체험과정을 즐기면서 오랫동안 쇼핑센터에 머물게 된다. 체험하는 시간만큼 고객이 머무는 시간이 늘어난다. 고객이 직접 체험하려면 효율전략에 맞지 않는 낭비 요소가 많다. 고객이 오랫동안 머물기 때문에 판매와 직접 관련이 없는 면적도 더 많이 필요하다. 고객을 위한 면적을 늘리면 판매를 위한 진열면적이 줄어든다. 종업원도 더 많이 필요하다. 판매하기까지 걸리는 시간도 늘어난다. 효율전략에서는 기업이 고객에게 일방적으로 가치를 제공한다. 그러나 체험전략에서는 기업이 제공한 가치에 고객이 창조한 가치가 더해지기 때문에 고객이 가져가는 가치는 두 배가 된다. 그 결과 아무리 강력한 경쟁기업이 있더라도 고객을 유치할 수 있다. 고객은 스스로 체험하는 과정을 통해서 제품을 구매하고 소비하는 즐거움을 맛볼 수 있기 때문이다.

온라인이나 오프라인을 막론하고 매장에서는 방문한 고객이 오랫동안 체류하도록 다양한 노력을 기울인다. 체류시간이 길면 매출도 늘어나기 마련이다. 문제는 어떻게 하면 고객의 체류시간을 늘릴 수 있을까 하는 것이다. 답은 간단하다. 고객이 스스로 재미있다고 느끼면 된다. 재미있으면 시간이 잘 간다. 매장에서는 고객에게 재미를 주기 위해서 체험공간을 만들거나 볼거리를 제공한다. 쇼핑센터에서 노래자랑 대회를 열기도 한다.

종종 인터넷 게시판에서 논쟁이 벌어지는 이야기가 있다. 커피숍에 손님이 열 명 와서 커피 세 잔을 주문한다. 그리고 컵에 뜨거운 물을 일곱 잔 달라고 한다. 여기에 일행이 가져온 믹스커피를 타서 마신다. 커피숍 입장에서는 이런 고객들이 오면 진히 반갑지 않다. 이 이야기를 들은 사람 중에는 고객을 비난하는 사람도 있고 커피숍을 비난하는 사람도 있다. 그러나 이 경우에 일차적인 책임은 커피숍에 있다. 고객의 요구를 어디까지 허용할 것인지 미리 정하지 않았기 때문이다. 고객이 있기 때문에 커피숍이 생긴 게 아니다. 커피숍이 있기 때문에 고객이 들어온 것이다. 옛말에 결자해지라고 했다. 매듭을 지은 사람이 매듭을 풀어야 한다는 뜻이다. 커피숍에서 처음에 생각했던 고객의 이미지와 다르다거나 예상했던 요구범위를 넘어선다고 해도 일차적인 원인은 커피숍에 있다.

커피숍에서는 처음부터 형식을 정해야 한다. 고객의 요구에 어디까지 대응할 것인지 미리 정하는 것이다. 고객이 기업에 불만을 가지거나 거꾸로 기업이 고객에 불만을 가지기 전에 미리 형식을 정해야 한다. 형식을 정하기 위해서는 스마트 클레이머를 활용한 클레임 설계가 필요하다. 한 번 정한 형식은 모든 고객에게 공평하게 적용한다. 만약 시끄럽게 큰 소리를 내는 고객의 요구는 들어주고 조용하게 요구하는 고객의 요구는 들어주지 않는다면 제대로 된 형식이 아니다. 고객이 가장 싫어하는 것은 공평하지 않은 대응이다. 공평함을 유지하기 위해서도 형식이 필요하다.

위의 사례를 보면 고객과 기업의 관점이 달라도 너무 다르다는 것을 알 수 있다. 고객은 이렇게 생각한다. '물 한 잔 공짜로 주는 게 그리 힘든가?' 기업의 생각은 다르다. '커피숍에 들어오는 순간 모든 것은 유료다.' 서비스는 공짜와 동의어가 아니다. 서비스는 사람을 행복하게 만드는 것이지만 이 과정에는 많은 활동이 필요하다. 각 활동에는 돈이 들고 시간이 들고 사람이 필요하다. 비싼 설비를 이용하는 경우도 있다. 그러므로 기업에서는 각 활동에 대해서 처음부터 무료와 유료를 명확하게 구분해야 한다.

예를 들어 '커피숍에 들어온 고객은 반드시 무엇인가 하나를 구입해야 한다. 시원한 물은 무료로 제공되지만 뜨거운 물은 유료다.' 이런 식으로 정하고 고객에게 알린다. 만약 지금까지는 뜨거운 물을 몇 잔이든 무료로 제공했다면 왜 그렇게 했는지 그 이유와 배경을 다시 생각한다. 무료 제공으로 어떤 효과가 있었는지도 조사하고 그 결과를 수치화한다. 그 외에도 가격을 할인하거나 추가로 제공하는 것이 있다면 이에 대한 총 비용도 산출한다. 만약 지금까지 무료로 제공하던 뜨거운 물을 어느 시점부터 유료로 전환한다면 어떤 효과가 발생할지도 예상한다. 고객이 얼마나 이탈할지 매출이 얼마나 감소할지도 고려한다.

모든 고객은 공짜를 좋아한다. 그렇나고 해서 모든 고객이 공짜만을 원하는 것은 아니다. 가격을 낮추지 않으면 구입하지 않는 것도 아니다. 고객이 생각하는 가치와 기업이 제시한 가격의 차이가 중요하다. 고객이 원하는 가치보다 더 많은 가치를 제공하면서도 가치보다 낮은 가격을 제시해야 한다.

좋은 서비스에는 따뜻한 배려가 담겨 있다

중세 유럽에서 부상당한 군인이나 병에 걸린 순례자에게 빈 방을 제공한 것을 호스피스(hospice)라고 했다. 타인에게 방을 제공하는 행동에는 병이 전염될지도 모르는 위험이 수반된다. 이를 무릅쓰고 다른 사람을 돕는 행동은 따뜻한 마음을 상징한다. 시대가 변하면서 호스피스는 여행자가 숙박하는 호텔(hotel)이나 병든 사람을 치료하는 호스피털(hospital), 즉 병원으로 변했다.

커먼즈(commons)는 중세 유럽의 주인 없는 넓은 토지를 말한다. 여기에 가축을 데려가서 풀을 먹이는데 풀밭은 완전히 초토화시키는 게 아니라 항상 새로운 풀이 자라나서 다른 사람도 가축을 데려와 먹일 수 있도록 배려했다. 여러 사람이란 한 번도 만난 적이 없는 사람을 포함한다. 만나서 정한 것도 아닌데 다른 사람에게 피해를 주지 않도록 배려한 것이 커먼센스(common sense), 즉 상식이 되었다.

우리가 현재 사용하는 호스피스나 커몬센스라는 단어에는 전혀 모르는 사람에 대한 배려와 따뜻한 마음이 담겨 있다. 식당에서는 더운 날에는 시원한 물을 주고 추운 날에는 따뜻한 물을 준다. 병원 구내에 있는 편의점에서는 약을 복용하려는 고객들을 위해 미지근한 물을 판다. 이런 것이 상식이고 배려다.

일본은 자동판매기 천국이라 할 만하다. 어디를 가든 자동판매기가 있다. 그런데 최근에는 자동판매기가 농촌 살리기에도 큰 역할을 하고 있다. 도심에서는 자동판매기가 없어도 근처의 마트나 편의점에서 먹을거리를 구입할 수 있다. 그러나 고령화 시대에 인구가 감소하고 있는 농어촌에서는 근처에 마트가 없기 때문에 먹을거리를 구입할 곳이 없다. 이런 곳에서 자동판매기는 매우 중요한 시설이다. 음료수만이 아니라 도넛 같은 간식과 카레 같은 간편한 반찬도 판매하기 때문이다. 자동판매기는 단순한 제품 판매에서 점점 발전해서 이제는 지역에 반드시 필요한 거점이 되고 있다. 자동판매기를 이용한 판매방식을 설치기반이라고 한다. 일단 판매할 거점을 설치하고 나면 이용자가 늘어나고 지속적으로 매출이 생기기 때문이다.

자동판매기와 관련한 재미있는 사례가 있다. 일본에서는 1989년까지 UCC 커피가 차별화된 제품을 많이 개발했다. 그러나 매출은 일본 코카콜라가 더 많았다. 왜냐하면 코카콜라에서는 제품의 차별화 대신 유통의 차별화를 선택했기 때문이다. UCC 커피의 제품은 전국의 도매상을 통해 소매상이나 마트에서 많이 팔았다. 코카콜라의 제품은 도매상을 거치지 않고 자동판매기에서 팔았다. 1989년 당시에 코카콜라가 운영하는 자동판매기는 70만 대였고 UCC는 16만 대였다. 자동판매기를 많이 설치한 기업이 좋은 제품을 개발한 기업보다 더 많은 매출을 올린 것이다. 현재는 거의 모든 음료수 기업에서 자동판매기를 전국 방방곡곡에 설치하고 있다.

자동판매기는 재해구조에도 이용되고 있다. 평상시에는 일반적인 자동판매기로서 제품을 판매한다. 그러나 재해 등으로 정전이 됐을 때는 비상전원으로 전환되며 지정된 시간 동안 미리 정한 수량만큼 제품을 무료로 제공한다.

재해가 발생했을 때 최초의 72시간이 매우 중요하다. 이 시간을 어떻게 보내는가에 따라 재해발생 후의 피해를 크게 줄일 수 있기 때문이다. 이를 위해서 일본의 각 지방정부에서는 피해주민을 위한 72시간분의 식량과 음료수를 항상 보관한다. 만약 자동판매기 운영기업과 지방정부가 협정을 맺는다면 지방정부로서는 재해 대비용 음료수를 보관하는 데 필요한 장소와 관리비용을 줄일 수 있다. 최근에는 재해구조 자동판매기에 모니터와 경보장치를 탑재해서 긴급 지진 속보와 쓰나미 경보를 빛과 소리와 영상으로 알린다. 귀가가 곤란한 사람을 피난장소까지 유도하는 장치로도 활용한다.

자동판매기처럼 판매하는 방식은 지금은 다양한 제품에 이용되고 있다. 예를 들어 글리코 오피스는 고객의 사무실에 과자 통을 설치한다. 이 통에는 항상 먹을거리를 채워두고 직원들이 쉽게 먹을 수 있게 한다. 대금은 직원이 먹은 만큼 청구한다.

도시락을 판매하는 기업은 고객의 사무실에 소형 온장고를 설치한다. 여기에 항상 도시락이나 간단한 먹을거리를 보관한다. 그리고 정기적으로 방문해 직원들이 먹은 만큼 채워놓는다. 고객의 입장에서는 직원에게 먹을거리를 제공하는 것을 복리후생으로 이해하고 일정한 금액을 부담한다. 먹을거리를 제공하는 기업, 맛있게 먹고 열심히 일하는 직원, 비용을 분담하는 고객까지 모두 다 좋아하는 방식이다.

싫어하는 것을 하지 않는 것이 신뢰를 얻는 길

만족보다 중요한 건 불만이 없는 것이다

기업은 고객에게 가치를 제공하고 고객은 이에 만족한다. 고객이 만족하는 단계는 마이너스 단계와 플러스 단계로 구분할 수 있다. 마이너스 단계는 고객의 만족감이 마이너스에서 제로로 변하는 단계다. 플러스 단계는 고객의 만족감이 제로에서 플러스로 변하는 단계. 마이너스 단계에서는 마이너스 차별화가 필요하고 플러스 단계에서는 플러스 차별화가 필요하다. 마이너스 차별화는 고객에게 반드시 전달해야 하는 핵심가치만 남기고 나머지는 모두 다 제외하는 방식이다. 플러스 차별화는 핵심가치에 더해서 부가가치를 추가하는 방식이다. 예를 들어 자동차라면 주행과 정지를 위한 기능이 핵심가치다. 인도의 타타그룹에서 나노라는 브랜드의 자동차를 만들었을 때 핵심가치만 제공하는 마이너스 차별화를 선택했다. 사이드미러도 한쪽에만 있을 정도다. 그 대신 가격을 파격적으로 낮춰 서민들도 쉽게 구입할 수 있게 했다.

만약 인터넷에서 정보를 제공하는 사이트라면 마이너스 단계에서는 사이트가 추구하는 핵심적인 주제에 대해서만 깊이 있는 내용을 전달한다. 예를 들어 경제정보를 제공하는 사이트라면 환율을 중심으로 깊이 있는 내용을 제공하는 식이다.

핵심가치로 제공되는 내용은 어떤 경쟁기업과 비교해도 손색이 없어야 한다. 고객이 조금 늘었다고 해도 섣불리 다른 주제를 추가하지는 않는다. 우선은 핵심가치에 대해서 고객이 확실히 신뢰할 수 있어야 한다. 어느 정도 시간이 지나고 고객의 만족도가 일정하게 유지되며 일일 방문자 수가 목표한 수준을 돌파했다면 서서히 플러스 단계로 진입한다. 경제정보 제공 사이트라면 환율을 중심으로 한 주제에 더해서 경제 경영에 관해 폭넓은 주제를 다룬다. 자동차라면 승차감을 좋게 만들기 위한 장비를 추가한다.

고객은 스스로 만족할 수 있어야 제품을 구입한다. 고객의 만족도가 마이너스라는 것은 어떤 제품에 대한 마음이 매우 부정적이라는 것이다. 그런데 고객의 심리는 이상하다. 한 번도 구입한 적이 없는 제품에 대해서도 부정적인 견해를 가질 수 있다. 부정적인 소문을 듣거나 부정적인 언론기사를 보면 부정적인 견해가 생기게 된다. 이런 고객의 마음을 긍정적으로 돌리는 것은 무척 어렵다. 오히려 고객이 어떤 상품에 대해 아무런 선입관이 없는 경우가 기업으로서는 유리하다. 마케팅을 통해서 고객의 마음을 플러스로 만들기가 수월하기 때문이다.

고객의 마음을 움직이는 것은 대규모 할인행사가 아니다. 기업이 고객을 생각하는 작은 정성이나 친절한 태도가 고객의 마음을 움직인다. 오타후쿠 소스라는 식품 메이커가 있다. 이 기업에서 판매하는 소스는 식품 첨가물은 일절 사용하지 않고 천연 재료를 사용한다. 방부제나 살균제, 산화 방지제, 표백제, 발색제, 합성 착색료, 합성 감미료는 일절 사용하지 않는다. 제품을 판매하는 방법은 전통적이다. 모든 식당을 방문해서 현장의 의견을 직접 듣는 것이다. 주의 깊게 듣는 내용은 요리사가 평소에 가지고 있던 불만사항이다. 고객의 불만을 해결하는 것이 무엇보다 중요하기 때문이다. 요리사는 자신의 불만을 영업직원에게 털어놓는다. 요리사의 불만과 의견을 들은 영업직원은 자사의 제품을 무료로 주고 간다. 자사의 제품이 무엇이 좋은지는 강조하지 않는다. 제품구입을 권유하지도 않는다. 그런데 요리사가 이 제품을 사용해보면 음식에 사용하기 좋다. 그러면 정식으로 주문한다.

이 기업의 제품이 경쟁제품과 비교해서 엄청나게 뛰어나다고 보기는 어렵다. 그러나 요리사의 불만을 들어주는 태도는 분명히 뛰어나다. 요리사와의 소통과정을 반복하면서 자연스럽게 시장 점유율을 늘리고 있다. 고객의 건강을 위하는 것이 중요하다는 것은 누구나 안다. 현실적으로는 대부분의 기업에서 장기보존이 가능하도록 방부제를 가미한 소스를 만들어 판다. 그러면서 이 제품이 맛있다는 것을 강조한다.

오타후쿠 소스는 천연재료를 사용하기 때문에 건강에 좋은 점을 얼마든지 강조할 수 있다. 그러나 이 기업은 제품의 좋은 점을 강조하기보다 요리사의 불만을 듣고 함께 해결책을 찾는 것에 초점을 맞추었다. 만족보다 더 중요한 것은 고객이 불만을 느끼지 않아야 한다는 사실을 인식하고 불만을 없애는 데 노력을 기울인 것이다.

고객이 하기 싫어하는 것을 대신한다

기업이 생존하려면 고객이 만족해야 한다. 고객은 언제 만족할까? 기업이 고객의 요구를 더 잘 들어주고 더 많이 제공할 때다. 혹은 고객이 스스로 할 수 있는 것이라도 기업의 도움을 받아서 더 잘할 수 있다면 고객이 만족할 것이다. 그러나 고객이 가장 만족하는 것은 다른 경우다. 고객이 스스로는 하기 싫어 하는 것을 기업이 대신해줄 때다. 고객이 스스로 할 수는 있지만 시간이 너무 많이 걸리고 힘들며 위험하고 귀찮을 때 기업이 대신해주면 고객은 만족한다. 스스로는 하기 싫은 것일수록 고객의 만족도가 높다. 고객이 만족하면 기꺼이 돈을 내고 구입한다. 기업 입장에서는 고객이 스스로 하기 싫어하는 것을 대신해주는 것에 사업기회가 있다.

아리아케 재팬은 고객이 스스로는 하기 싫어하는 것을 대신해주고 성공한 기업이다. 이 기업은 1966년 설립된 이래 수프를 제조해 판매하고 있다. 유명한 식당에서 사용하는 수프도 대신 만들어준다. 수프를 만드는 데는 시간이 필요하다. 만약 맛있는 수프를 만들기 위해서 7시간 동안 재료를 끓여야 한다면 누가 조리하더라도 7시간이 필요하다. 요리를 처음 하는 요리사나 30년 경력의 요리사나 이 작업은 시간이 많이 걸리고 힘들다. 위험하기도 하다. 아리아케 재팬은 바로 이 점에 착안했다. 고객을 대신해서 자사 공장에서 재료를 7시간 동안 끓여주는 것이다. 공장에서 끓여서 만든 농축액을 배달하면 식당에서는 10배 정도로 희석해서 데우기만 하면 된다. 맛은 똑같다. 이렇게 시작한 제품의 종류가 현재 2,500개 이상이 되었다. 이 기업의 도움을 받는 기업도 거의 10만 개에 이른다. 고객의 분포도 다양하다. 서민들이 많이 찾는 체인식당에서 미슐랭 가이드 별 세 개짜리 고급식당에 이르기까지 폭넓게 분포되어 있다. 일본에서 판매되는 컵라면 수프의 50%, 카레의 30%, 냉동식품의 30%는 이 기업의 공장에서 대신 끓여준 것이다.

고객이 하기 싫어하는 것을 대신해줄 수 있는 능력은 숫자에 있다. 신맛, 짠맛, 떫은맛 등 8가지 맛을 숫자로 나타내는 것이다. 모든 맛을 숫자로 나타낼 수 있으면 모든 맛을 재현할 수 있다. 아리아케 재팬에서 유명한 요리사를 대신해 끓여주는 수프의 맛은 식당에서 끓이는 수프와 같은 맛이 난다. 그 덕분에 유명한 식당은 해외진출이나 체인점 개업이 용이해졌다.

해외에 매장을 만들면 현지인을 고용해서 교육시켜야 한다. 그러나 아무리 교육을 해도 현지인 요리사의 혀와 맛에 대한 감각을 바꿀 수는 없다. 만약 농축된 수프를 가져갈 수 있다면 현지에서는 물만 부어 희석하면 된다. 해외 지점에서 현지인 직원이 내놓는 수프의 맛이 본점의 맛과 똑같다. 식당에서는 요리를 팔지만 아리아게 새샌은 그 식당에 시간을 판다. 아무리 기능이 많은 제품이라도 고객을 설득하지 못하면 팔 수 없다. 고객을 설득하는 가장 간단한 방법은 고객이 하기 싫어하는 것을 대신해주는 것이다.

고객이 원하지 않는 것은 하지 않는다

고객이 싫어하는 것을 하지 않아서 성공한 기업은 매우 드물고 성공사례를 찾기도 어렵다. 그런 의미에서 자동차 메이커인 포르쉐는 특별한 존재다.

세계의 마니아를 위해서 비싼 스포츠카를 만들어 성공한 기업이라서 특별한 것이 아니다. 고객이 원하지 않는 것을 하지 않기 때문에 특별하다. 이 기업이 판매하는 포르쉐 911은 마니아가 많은 인기 모델이다. 이 모델의 외형은 수십 년이 지나도 거의 변하지 않았다. 이유는 간단하다. 고객이 외형을 바꾸는 것을 원하지 않기 때문이다. 물론 눈에 보이지 않는 엔진이나 브레이크 등 많은 부분은 발전을 계속하고 있다. 포르쉐에서 자동차의 외형을 설계하는 직원들은 일하기 어렵다고 한다. 외형을 바꾸지 않으면서도 항상 신선한 느낌을 주어야 하기 때문이다.

고객이 싫어하는 것을 하지 않아서 성공한 기업이 있는가 하면 세상에는 고객이 싫어하는 것을 반복하다가 결국 사라진 기업도 있다. 일본의 유키지루시 유업은 고객의 신뢰를 잃고 사라진 기업이다. 이 기업은 1950년에 설립되었다. 그런데 설립된 지 얼마 지나지 않은 1955년 3월 식중독 사건을 일으키게 된다. 학교에서 급식용으로 제공된 유키지루시 유업의 탈지분유를 마신 초등학생 1,900명이 집단으로 식중독을 일으킨 것이다. 이 기업은 즉시 모든 제품을 회수하고 판매를 중지했다. 식중독의 원인은 황색 포도상구균이었다. 그러나 다행히 모두 가벼운 설사와 구토 정도로 그치고 다음 날 대부분 등교할 수 있었다.

담당자는 관련기관을 방문해 상황을 설명했으며 아픈 학생들을 병문안했다. 공장의 제조라인도 대대적으로 점검했다. 그리고 이 사건을 계기로 품질을 기업의 핵심이념으로 삼았다. 그 결과 이 사건은 오히려 전화위복이 되었다. 유키지루시는 식품안전을 상징하는 브랜드가 되어 2000년에는 일본 최대의 유제품 기업으로 성장했다.

2000년 6월에 두 번째 식중독 사고가 발생했다. 저지방 우유를 먹은 고객이 설사와 구토 증세를 보인 것이다. 이번에는 기업의 대응이 전과 달랐다. 제대로 된 대책을 내놓지 못해 피해자의 숫자는 계속 늘어났다. 신문에 사죄광고를 실었지만 그 내용에 오류가 있었으며 기업의 잘못을 인정하지 않았다. 3일에 한 번 밸브를 완전히 분해해서 청소하도록 되어 있으나 최근 3주일 동안 전혀 청소하지 않았다는 사실도 드러났다. 첫 피해자가 나온 이후로 기업은 계속 책임을 회피했다. 사건 발생 후 5일이 지나서야 비로소 밸브에서 황색 포도상구균이 발견되었다고 발표했다. 결과적으로 1만 4000명이 넘는 피해자가 발생했으며 우유 30만 통을 회수했다. 이는 일본 역사상 최악의 식중독 사고로 기록되었다.

그 후 2002년 1월에는 소고기 위장사건이 발각되었다. 호주에서 수입한 소고기를 일본 국내산으로 거짓 표시해 정부에 구입하도록 한 것이다. 이는 기업의 신뢰성에 악영향을 주었다. 2002년에는 새로운 사실이 발각되었다. 2001년 3월부터 2002년 1월까지 약 2,300톤에 해당하는 업소용 냉동버터의 품질유통 기한을 변조해 재이용한 것이다. 품질유통 기한이 1년 반이 지난 버터를 새롭게 포장하고 기한을 1년 연장한 라벨을 붙였다. 사실 품질유통 기한은 식품위생법에 의해 정부에서 정한다. 기한의 설정이나 변경에 대해서 서류를 제출할 의무는 없다. 냉동버터의 품질유통 기한을 변경했다고 해도 이는 식품위생법을 위반한 것은 아니다.

그러나 고객의 비난이 빗발치자 이 기업은 기자회견을 열고 해명했다. 그런데 해명한 내용이 문제였다. 기업의 입장에서는 법을 위반한 사실이 없다고 주장한 것이다. 법을 위반한 적은 없지만 고객이 싫어하는 행동을 한 것은 사실이다. 기업의 이러한 행동은 결국 고객의 분노를 샀다. 우유를 판매하는 기업이 고객의 신뢰를 잃게 되자 재료를 공급하는 농가로까지 위기가 확산되었다. 유키지루시 유업은 결국 각 사업부별로 타사와 제휴하거나 분사하거나 재편되면서 역사에서 사라졌다. 그리고 불량식품 제조사의 대명사가 되었다.

고객과 함께 더 좋은 세상 만들기

고객이 있기에 기업이 생존한다고 생각하면 어느 기업이건 저절로 고객을 먼저 생각하게 된다. 제품을 판단하는 기준 역시 고객이 만족하는지 여부다. 많은 기업에서는 모든 고객을 만족시키는 것을 고객만족이라고 여긴다. 특별히 단골고객과 일회성 고객으로 구분하지 않고 고객이라면 모두 공평하게 대한다. 그 결과 기업도 불만이고 고객도 불만이다. 모든 고객을 완전히 공평하게 대한다는 것은 역으로 단골고객을 차별하는 것과 같다. 모든 고객을 공평하게 대하면 단골고객은 상대적으로 박탈감을 느끼지만 일회성 고객은 아무것도 느끼지 않는다. 하나만 구입하는 10명의 고객과 10개를 구입하는 한 명의 고객을 똑같이 대하는 것은 결과적으로 모든 고객을 차별하는 셈이다.

고객을 현실적으로 공평하게 대하려면 이익을 많이 만들어주는 단골고객에게 더욱 유리하게 이익을 환원해야 한다. 고객만족은 기업이 고객을 만족시키는 것이 아니라 고객이 스스로 만족하는 것이다. 그렇게 하기 위해 기업은 고객이 원하는 것이라면 무조건 들어주어야 할까? 그렇지는 않다. 돈에는 사람을 살리는 돈도 있고 죽이는 돈도 있다. 고객도 마찬가지다. 기업을 살리는 고객도 있고 기업을 죽이는 고객도 있다. 그래서 고객을 독에 비유할 수 있다.

기업은 고객만족을 바탕으로 이익을 만드는 것이 이상적이다. 일본 폴리글루라는 기업이 있다. 직원은 30명을 조금 넘으며 매출은 100억 원 정도인 중소기업이다. 이 기업에서 개발한 제품은 40개국에 수출된다. 이 책의 마지막 사례로 이 기업을 소개하는 이유는 고객과 함께 세상을 좋게 만들기 때문이다. 이 기업에서 개발하고 판매하는 것은 필터형 정수기인데 물도 제대로 마시지 못하는 극빈국에 판매한다. 이 기업은 방글라데시나 소말리아와 같은 극빈국에 정화수 시설을 설치해준다. 그리고 정화제를 유료로 판매한다. 정화제 분말을 물에 넣고 젓기만 하면 불순물을 분리할 수 있다. 이 불순물만 제거하면 물을 그대로 마실 수 있다. 가격은 20kg에 10만 원 정도다. 폴리글루타민산이라는 물질을 이용한 정화제 100g으로 1톤의 물을 정화할 수 있다. 10만 원으로 200톤의 정화수를 만들 수 있는데 이는 주민 2,500명이 한 달반 동안 마실 수 있는 양이다. 10만 원이면 선진국에서는 저렴하다고 할 것이다. 그러나 극빈국에서는 이 가격도 비싸다. 그래서 폴리글루 보이라는 정화수 배달원 제도를 만들어 지역주민과 계약을 한다. 정수 10ℓ를 배달하면 30원을 지불하는 제도다. 현재 7,000세대와 계약하고 정수를 배달해주는데 각 세대는 마트에서 판매하는 물의 100분의 1 가격으로 깨끗한 물을 마실 수 있다.

아프리카 탄자니아에는 정수시설을 일곱 군데 설치했는데 물을 받으러 오는 사람이 늘어나면서 주변에 상가가 형성되었다. 정수시설에서 물을 대량으로 구입해 이동 판매하는 기업도 생겼다. 가격은 20ℓ에 60원인데 이 정도 양이면 한 가정에서 한 달 동안 사용할 수 있다고 한다. 폴리글루는 정수기를 통해 아무리 가난한 사람이라도 안심하고 깨끗한 물을 마실 수 있게 했다. 빈민가에 고용도 창출했다. 이런 과정에서 기업의 생존을 위한 이익을 만들어낸다. 기업과 고객이 함께 노력해서 더 살기 좋은 세상을 만드는 것이야말로 기업이 오랫동안 생존해야 하는 유일한 목적이라는 것을 잘 보여주는 사례다.

참고문헌

단행본

윤태성, 《탁월한 혁신은 어떻게 만들어지는가》, 레인메이커, 2014

예종석, 《활명수 100년 성장의 비밀》, 리더스북, 2009

브래드 스톤, 《아마존 세상의 모든 것을 팝니다》, 21세기북스, 2014

마이클 포터 외, 《어떻게 차별화할 것인가》, 레인메이커, 2015

Henry Chesbrough, *Open Service Innovation*, Jossey Bass, 2011

Innovate America, *National Innovation Initiative Summit and Report*, 2005

平林都, 《接遇道》, 大和書房, 2009

片山和也, 《技術のある会社がなぜか儲からない本当の理由》, 中経出版, 2011

片山又一郎, 《顧客という資産を最大化する法》, 日本実業出版社, 2002

坂根正弘, 《ダントツ経営―コマツが目指す日本国籍グローバル企業》,
　日本経済新聞出版社, 2011

萩平和巳, 《日本製造業の戦略》, ダイヤモンド, 2011

諏訪良武, 《顧客はサービスを買っている》, ダイヤモンド, 2009

川田茂雄, 《社長を出せ―クレームとの死闘》, 宝島社, 2010

川田茂雄, 《社長をだせ! 最後の戦い vs 伝説のクレーマー》, 宝島社, 2010

竹内一郎, 《人は見た目が9割》, 新潮社, 2005

竹内一郎, 《やっぱり見た目が9割》, 新潮社, 2013

田村仁, 《たった1行で売る》, 実業之日本社, 2005

赤松幹之他, 《サービス工学―51の技術と実践》, 朝倉書店, 2012

財部誠一, 《パナソニックはサムスンに勝てるか》, PHP研究所, 2011

子守哲雄, 《製造業のサービス事業戦略》, ダイヤモンド, 2001

日本情報サービス産業協会, 《情報サービス産業白書》, 日経BP, 2013

伊丹敬之, 《経営戦略の論理》, 日本経済新聞出版社, 2003

月泉博, 《ユニクロ 世界一をつかむ経営》, 日本経済新聞出版社, 2015

原田泳幸, 《勝ち続ける経営- 日本マクドナルド原田泳幸の経営改革論》,
　朝日新聞出版, 2011

原田保, 《日本企業のサービス戦略》, 中央経済社, 2008

遠藤功, 《ビジネスの常識を疑え》, PHP研究所, 2007

窪山哲雄, 《ホスピタリティ》, インデックス・コミュニケーションズ, 2008

永島幸夫, 《売れる売り場 売れない売り場》, PHP研究所, 2007

新山勝利, 《ポスト顧客満足の教科書》, 明日香出版社, 2005

勝見明, 《鈴木敏文の統計心理学》, 日本経済新聞社, 2006

松井忠三, 《無印良品は仕組みが9割》, 角川書店, 2013

小川孔輔, 《マーケティング入門》, 日本経済新聞出版社, 2009

小松田勝, 《ディズニー 感動のサービス》, KADOKAWA/中経出版, 2011

山崎宣次, 《なぜかお客が集まるサービス 逃げるサービス》, あさ出版, 2002

服部隆幸, 《売る技術を超える顧客ケアの方法》, PHP研究所, 2008

博報堂パコ・アンダーヒル研究会, 《ついこの店で買ってしまう理由》,
　日本経済新聞出版社, 2009

武田哲男, 《サービスの常識》, PHP研究所, 2008

武田哲男, 《顧客不満足度のつかみ方・活かし方》, PHP研究所, 2009

島田紳助, 《ご飯を大盛りにするオバチャンの店は必ず繁盛する》, 幻冬舎, 2007

大久保一彦, 《飲食店成功の秘密》, フォレスト出版, 2002

横田益生, 《ユニクロ帝国の光と影》, 文芸春秋, 2011

内藤耕, 《サービス工学入門》, 東京大学出版会, 2009

金剛利隆, 《創業一四〇〇年》, ダイヤモンド, 2013

今野晴貴, 《ブラック企業》, 文藝春秋, 2012

中村元, 《常識はずれの増客術》, 講談社, 2014

近藤隆雄, 《サービスマネジメント入門》, 生産性出版, 2007

菊原智明, 《あんなお客も神様なんですか》, 光文社, 2013

橋本保雄, 《ホテルオークラクレーム対応術》, 大和出版, 1998

橋本哲児, 《顧客の本音がわかる9つの質問》, 秀和システム, 2014

関根眞一, 《苦情学－クレームは顧客からの大切なプレゼント》, 恒文社, 2006

関根眞一, 《苦情対応実践マニュアル》, ダイヤモンド, 2010

関根美紀子, 《お店のサービスの基本がイチから身につく本》, すばる舎, 2002

甲田祐三, 《売れるお店のつくり方》, かんき出版, 1994

トニー・シェイ, 本荘修二 監訳, 《ザッポス伝説》, ダイヤモンド, 2010

신문칼럼

윤태성, 한국에서 '혁신의 힌트' 찾은 日기업, 〈매일경제〉, 2015.5.19.

일본 기업들의 현장중심 경영, 〈매일경제〉, 2015.8.5.

재해대책에서 기회를 만드는 일본, 〈매일경제〉, 2015.9.8.

세상을 아름답게 만드는 기업, 〈매일경제〉, 2015.10.20.

서비스 경제 위한 '여백의 미학', 〈매일경제〉, 2014.1.9.

일본 대형 마트 새 판매전략, 〈매일경제〉, 2014.2.11.

'한눈에' '짧게' 일본식 경영의 화두, 〈매일경제〉, 2014.7.2.

일본 기업의 다양한 협력형태, 〈매일경제〉, 2014.8.5.

형식을 중시하는 일본식 서비스, 〈매일경제〉, 2014.9.17.

日 화장품시장의 생존경쟁 지혜, 〈매일경제〉, 2014.10.21.

본문에 소개된 기업과 사례 URL

나고야 커피숍, https://www.youtube.com/watch?v=E4VcbEAWFnY

네기시 푸드 서비스, http://www.negishi.co.jp/

닛산자동차, http://www.nissan.co.jp/

다이소, http://www.daiso-sangyo.co.jp/

다케다제약, http://www.takeda.co.jp/

도시바, 클레임 사건의 녹음, https://www.youtube.com/watch?v=RzlR7W05IN8

돈키호테, http://www.donki.com/

도쿄 수도국, 도쿄스이, http://www.waterworks.metro.tokyo.jp/kouhou
　/campaign/tokyosui.html

라라포트 도쿄, http://tokyobay.lalaport.net/

로토제약, http://www.rohto.co.jp/

류가쿠산, https://www.ryukakusan.co.jp/

마즈다 자동차, http://www.mazda.co.jp/

맨소래담, http://jp.rohto.com/mentholatum/

모리시타 진탄, http://www.jintan.co.jp/

무인양품, http://www.muji.com/jp/

반도타로, http://www.bandotaro.co.jp/

버진 아메리카, 기내안전 설명, https://www.youtube.com/watch?v=DtyfiPIHsIg

북스타마, http://www.bookstama.com/

선샤인 수족관, http://www.sunshinecity.co.jp/aquarium/

소프트뱅크, 로봇, http://www.softbank.jp/robot/consumer/products/

스시잔마이, http://www.kiyomura.co.jp/

신주코 사보텐, http://www.ghf.co.jp/saboten/

아리아케 재팬, http://www.ariakejapan.com/

아쿠리 푸드, 식중독 사건 관련, http://www.maruha-nichiro.co.jp/safe/aqli/

야마다 전기, http://www.yamada-denki.jp/

에어 뉴질랜드, 기내안전 설명, 〈Men in Black〉 버전, https://www.youtube.com/
watch?v=ji65WI5QLZI

에어 뉴질랜드, 기내안전 설명, 〈호빗〉 버전, https://www.youtube.com/watch?v=
qOw44VFNk8Y

에이벡스 스포츠 아트레트 클럽, http://athleteclub.net/

오타후쿠 소스, http://www.otafuku.co.jp/

오피스 글리코, https://www.glico.com/jp/enjoy/service/officeglico

요시다 가방, http://www.yoshidakaban.com/shopinfo/

유니클로, http://www.uniqlo.com/

유키지루시 유업, https://ja.wikipedia.org/wiki/%E9%9B%AA%E5%8D%B0%E4%
B9%B3%E6%A5%AD

이온몰 마쿠하리 신도심 센터, http://makuharishintoshin-aeonmall.com/

일본 폴리글루, http://www.poly-glu.com/

일본정보처리추진기구, IPA, https://www.ipa.go.jp/

자포스, http://www.zappos.com/

진스, http://www.jins-jp.com/

코마츠, http://www.komatsu.co.jp/

콘고구미, http://www.kongogumi.co.jp/

쿠라시안, http://www.qracian.co.jp/

키다마시 산의 수족관, http://onneyu-aq.com/

키자니아, http://www.kidzania.com/

디니터, http://www.tanita.co.jp/

토바수족관, http://www.aquarium.co.jp/

도요타 홈, http://www.toyotahome.co.jp/

행동관찰연구소, http://www.kansatsu.jp/

호리바 제작소, http://www.horiba.com/jp/

후쿠시마야 마트, http://www.fukushimaya.net/

경영자 인터뷰

TV Tokyo, Business on Demand, http://txbiz.tv-tokyo.co.jp/

일본경제신문, http://www.nikkei.com/

닛케이 비즈니스, http://business.nikkeibp.co.jp/

혁신 기업이 놓치기 쉬운 본질

고객은 독이다

제1판 1쇄 인쇄 | 2016년 3월 25일
제1판 1쇄 발행 | 2016년 4월 1일

지은이 | 윤태성
펴낸이 | 고광철
펴낸곳 | 한국경제신문 한경BP
편집주간 | 전준석
책임편집 | 추경아
교정교열 | 정진숙
기획 | 이지혜 · 백상아
홍보 | 이진화
마케팅 | 배한일 · 김규형 · 이수현
디자인 | 김홍신

주소 | 서울특별시 중구 청파로 463
기획출판팀 | 02-3604-553~6
영업마케팅팀 | 02-3604-595, 583 FAX | 02-3604-599
H | http://bp.hankyung.com   E | bp@hankyung.com
T | @hankbp   F | www.facebook.com/hankyungbp
등록 | 제 2-315(1967. 5. 15)

ISBN 978-89-475-4081-0   03320